AF246964

HOMÈRE
ET SHAKESPEARE
EN BANLIEUE

AUGUSTIN d'HUMIÈRES
MARION VAN RENTERGHEM

HOMÈRE
ET SHAKESPEARE
EN BANLIEUE

BERNARD GRASSET
PARIS

ISBN 978-2-246-72931-0

« *M'sieur, sans rire, dans la vie vous avez jamais
eu d'autre ambition que d'être prof ?* »

C'est une espèce de tableau noir portatif, un petit tableau ridicule d'un mètre de large, il a l'air un peu perdu dans cette grande salle. Quand on écrit dessus, il pivote sur lui-même, on le tient d'une main, la craie dans l'autre, en se courbant un peu. Je me redresse, et reprends ma vocifération, sur un mode discontinu : Moyen Age de la Grèce, porte des Lionnes, trésor d'Atrée...

Personne n'écoute. La structure même de la classe est un désastre : les élèves se sont emparés des tables, regroupés par grappes : des « gothiques » affalés au premier rang ; au fond, Adel, Saïd et Bakary se balancent sur les chaises, sac fermé posé sur la table ; à gauche, Dini, Nyamey, Inès, Coralie et Elodie discutent coiffures et programmes télé. Chacun s'est rassemblé par communauté, par sexe. La transpiration dessine des auréoles sur ma veste. Je hurle pour couvrir le bruit des soixante-dix élèves, bute sur les mots ; ma voix commence à se casser, et monter dans les aigus, ce qui suscite l'hilarité des quelques élèves tendant encore une oreille distraite.

Ah, le grec de masse, quelle réussite ! Initier les banlieues au grec ancien, quel beau projet, monsieur d'Humières ! Lui là-bas dans le coin, il ahane le grec plus qu'il ne le lit ; celle-là, le grec était censé lui donner des bases en grammaire française : elle vous parle de la « déclinaison des verbes » ! Et je suis allé les chercher un à un : « Tu vas voir, le grec c'est utile, essaie ! » Je ne vais quand même pas les virer.

— Bon, Nyamey, tu prends tes affaires et tu sors !

— Pourquoi moi ?

— Tu ne discutes pas, tu sors, point barre !

— Non, mais dites-moi pourquoi ? Est-ce que je suis la seule à parler ? Est-ce que tous les autres y parlent pas ?

— Vas-y, sors pas Nyamey !

— Qu'est-ce que tu viens de dire là ?

— Elle a rien fait…

— Continuez votre cours, de toute façon, je sortirai pas…

J'interromps le « cours ». Nyamey finit par sortir en larmes, suivie par Dini, Coralie, Inès, Elodie, j'en vire un toutes les deux minutes :

— Tu ne prends pas de notes ? Ça t'intéresse
pas ? Dehors !

— T'as pas ton livre ? Dehors !

Chaque élève qui sort de la salle est accueilli à
l'extérieur par des « Olé » de corrida. Il en reste
cinquante, et une demi-heure à tenir. Au premier
rang, un élève tente de suivre :

— M'sieur, faudra que je vous parle à la fin de
l'heure…

— Pourquoi ça ?

— Je crois que je vais arrêter le grec, y a trop
de bruit, et j'arrive pas à suivre…

Au fond de la salle, une jeune femme observe la
scène, blême. C'est une journaliste du *Monde*,
Marion Van Renterghem. Elle voulait voir des
classes de grec à cinquante élèves au pied des
tours… Eh ben, elle a vu.

SITE D'EXCELLENCE

« Ces vues longtemps admises sont aujourd'hui
fort discutées. L'étude plus précise des sites mycé-
niens ne laisse guère apparaître la destruction mas-
sive et radicale, la totale rupture avec le passé qu'on
avait cru y observer d'abord. La décadence semble
avoir connu des étapes et l'insécurité s'établit peu à
peu, provoquant l'abandon progressif des régions
moins bien défendues. »

François Chamoux, La Civilisation grecque.

CHAPITRE 1

L'autre Finistère

J'ai débarqué là-bas un matin de juillet, j'avais reçu le papier du syndicat : « Vous êtes affecté à titre définitif au lycée... » C'était loin.

Parcours post-bac chaotique, années de potache hypokhâgneux, et petit moment de panique à l'arrivée : j'avais donc passé et raté compulsivement beaucoup de concours... De cette frénétique chasse au diplôme, j'avais fini par ressortir avec un Institut d'études politiques, une Ecole supérieure d'art dramatique, et une Agrégation de lettres classiques. Cet étrange triptyque pouvait témoigner d'une certaine fébrilité dans la recherche d'un métier. J'étais vraiment reconnaissant à ces institutions de m'avoir accueilli, et bien décidé à mener toutes ces « scolarités » à leur terme.

Ma première année comme professeur stagiaire avait donc été intense, surtout en termes sudatoires :

— 7 h 57, Institut d'études politiques. Deux affreux, costumes gominés et cravates luisantes : « Salut, moi c'est Louis-Paul, lui c'est Fabrice. On s'est connus ici, et puis on a traversé le boulevard ! » Par cette périphrase pudique, ces « enseignants » voulaient nous signifier qu'ils étaient entrés à l'ENA, située de l'autre côté du boulevard Saint-Germain…

— 9 h 43, Forum des Halles, cours d'expression corporelle. Nous répétons une sorte de « ballet baroque », censé illustrer la « querelle entre comédiens français et italiens » :

— Mais Jean-Pierre, on ne peut pas montrer ça à un public ? On n'est pas des danseurs ! On a l'air ridicules !

— Comment ? Ridicules ? J'ai travaillé avec les plus grands, avec Monsieur Strehler, avec Monsieur Visconti, et vous osez me dire ça ? A moi ? Martino !

— 13 h 03, Saint-Germain-en-Laye, cours de français de seconde : des élèves surprenants, on leur donnait du travail, et ils le faisaient.

— 16 h 31, répétition avec Morjane (« Oh, la joie de se sentir/prononcé ; mais tout à l'heure/quand vous disiez/Mesa/je suis Ysé, c'est moi… »). J'ai horreur de Claudel, de Morjane aussi d'ailleurs, mais je suis le seul « gros » du cours, ce qu'on appelle un « emploi tardif », des types qui ne commenceront à trouver du travail qu'à 40 ans. De toute façon, on n'ira jamais au bout de la scène. Notre professeur d'art dramatique nous coupera au bout de quelques minutes : « Non, non ! Descendez du plateau ! C'est triste le théâtre quand c'est joué comme ça ! »

— 16 h 58, chapiteau des Fratellini : je m'étais inscrit à l'Ecole du cirque parce que le même professeur m'avait expliqué que sur scène je me déplaçais à la manière d'un playmobil : « Mais tu es comme ces ours que l'on promenait dans les foires avec un anneau dans le nez ! » J'y apprenais l'art de la galipette arrière, sous le regard désolé d'un enfant de 7 ans sur le point de faire la roue sur un fil.

— 19 h 22, Institut d'études politiques, encore un type qui avait dû « traverser le boulevard » ; celui-là venait d'arrêter de fumer et devait faire office de conseiller dans un cabinet ministériel : ses deux occupations essentielles étaient de mâchonner des allumettes et de décrocher son portable à tout bout de champ : « Ecoute, tu diras au ministre que… » L'assistance était em-ba-llée.

— 21 h 37, Théâtre du Lucernaire, un tricorne juché sur la tête, j'embrasse sans conviction le rôle de Maître Blazius, précepteur alcoolisé d'*On ne badine pas avec l'amour* (Ah, les emplois tardifs !).

Dans ce contexte, je n'eus pas le loisir de profiter pleinement de la formation dispensée aux apprentis professeurs dans le cadre de l'IUFM de Versailles ; j'y passais de temps à autre, pour découvrir des collègues stagiaires croulant sous des monceaux de photocopies, attelés à comparer des manuels scolaires. Ils me regardaient avec gratitude (mes irruptions venaient égayer des séances d'un ennui à crever) et compassion (celui-là, il va prendre cher, au moment de sa titularisation !). J'arrivais hagard, la mine effarée, bredouillant quelques mots d'excuses, et glanais quand même quelques précieux conseils pour ma future carrière : « Si vous êtes en difficulté avec votre classe, évitez de corriger au stylo rouge, ça risque d'exciter l'élève ! »

En ce début d'été 1995, je chemine avec anxiété vers mon « affectation à titre définitif ». Métro, train de banlieue patibulaire, un tortillard qui s'arrête à toutes les stations, des types en train de cloper, affalés sur les banquettes, un sol jonché de cacahuètes et de canettes renversées ; des baladeurs crachent une musique effrayante, les brigades de sécurité galopent de wagon en wagon, une gare d'été désolée comme une gare de western, mais qui était pourtant bien une gare de banlieue, enfin un bus qu'on attend longuement à l'arrivée, dans une atmosphère alanguie par les effluves d'une sucrerie voisine. Je n'étais qu'au début de ma consternation.

La mi-juillet paraissait idéale pour cette visite diplomatique. L'effervescence des résultats du bac passée, l'esprit non prévenu découvre des établissements scolaires proprets, studieux, et… vides. Celui-là ressemblait à une sorte de fortin grisâtre, marqué parfois par des traînées de pluies noirâtres qui coulaient sous les fenêtres. Giraudoux aurait pu voir « un lycée qui pleure »… Il était situé à la croisée de deux axes routiers, dont l'un servait d'itinéraire de délestage aux poids lourds. Un panneau bienveillant avertit l'automobiliste : « Prudence ! Lycée d'excellence : 1 500 élèves. »

En guise d'accueil au nouvel arrivant, des plates-bandes en attente de fleurs, de grandes baies vitrées à la propreté inégale, et une sorte de « sculpture » verdâtre, haute de douze mètres, en forme d'arc de cercle, qui, dans l'esprit de son auteur, était destinée à représenter une vague. En s'approchant très près de cette œuvre majeure, on pouvait effectivement distinguer une barque, et des petits rameurs…

La secrétaire m'explique que le Chef d'établissement n'a absolument pas le temps de me recevoir. Dans l'embrasure, je l'aperçois, court sur pattes, jetant vers sa porte des regards inquiets, avec de brusques mouvements de tête. Son secrétariat bruit d'une fébrilité craintive. Je l'entends éructer : « Eh bien, dites-lui de prendre contact avec sa collègue de lettres classiques ! »

Le Proviseur-adjoint a étrangement tout son temps pour me recevoir. De la fenêtre de son bureau, il me montre les tours hélicoïdales de la cité : « Le jour où ils vont descendre… » marmonne-t-il, pensif. Référence amusée au *Désert des Tartares* ? Son approche des langues anciennes allait rapidement permettre d'écarter cette hypothèse : « Ah, le grec… c'est encore des trucs de pédés ça ! » Je souris à ces petites « gauloiseries » : les emplois du temps relèvent de sa compétence exclusive, et le paysage que je découvre ne me donne pas vraiment envie d'y passer plus de temps que les quinze heures réglementaires. Il me dévisage d'un œil terne : « Garçon de bonne famille. Un peu fourbe. Doit vivre son métier comme une déchéance. »

Un ami comédien, natif de l'endroit, m'attend au sortir de l'entretien ; il me fait faire un tour complet de la localité. Les deux cités dorment côte à côte. Quelques casquettes regardent la voiture avec suspicion, des familles achèvent leurs préparatifs pour le grand voyage outre-Méditerranée, un stade, le palais de justice, une antenne de police, quelques sculptures gigantesques représentant des bons-hommes de baby-foot (l'architecte du lycée avait aussi veillé sur la déco du commissariat), un petit centre-ville propret… et puis rien ! Je m'en retourne inquiet : il va falloir songer à s'extirper du piège, et vite !

J'allais y rester plus de quatorze ans, et revoir la vague verdâtre et les bonshommes de baby-foot trois mille neuf cent quarante-sept fois.

CHAPITRE 2

« *Inventifs et solidaires* »

« Ah oui, très bien ! Et tu habites où ? Et tu étais où avant ? Qui était ton formateur IUFM ? Mais tu ne veux pas nous en dire plus ? » La « collègue » de lettres classiques fait partie des cadres. J'écoute sa description du lycée : « des élèves gentils, mais très faibles », heureusement encadrés par « une équipe d'enseignants inventifs et solidaires », au sein de laquelle j'allais avoir la chance de prendre place.

L'après-midi de la prérentrée est consacrée au « conseil d'enseignement ». Je fais la connaissance de mes collègues, et ma première expérience du travail en équipe. Elle consiste à fixer la date du bac blanc : Jean-Jacques a des cours en classe prépa, Perrine est très sollicitée en tant que juré de concours, Léonid, accaparé par l'IUFM, Patrick, par les relectures de son manuel, Ghislaine siège régulièrement en commissions paritaires[1], et Don Didier, jeune danseur étoile, a droit à une décharge… A la fin du conseil, un collègue assis en bout de table me regarde, égaré : nous n'étions que deux à être simplement des professeurs de lettres en lycée.

Je repars vers la gare, perplexe : tant d'enseignants « inventifs et solidaires » pour ce seul lycée des confins de l'Ile-de-France ? Je mis quelques années à éclaircir ce mystère : l'établissement était en fait un laboratoire, une « sorte d'espace de jeu » où les éléments les plus prometteurs du système éducatif venaient faire leurs gammes avant d'être appelés aux plus hautes responsabilités (classe prépa, inspection, formation, représentation…). Ils se proposaient des travaux pratiques, qu'ils appelaient aussi des « actions ».

La première « action » dont je fus le témoin faisait partie des « actions de base » : virer un Proviseur. Ce petit homme agité, que j'avais entraperçu lors de ma visite estivale, s'avérait être un ancien lanceur de poids : son principal titre de gloire était d'avoir été dans la même équipe olympique qu'un « grand personnage » de l'Etat, ce qui l'autorisait à répéter en boucle à ses interlocuteurs : « Je vous préviens, j'ai mes entrées à l'Elysée ! »

---

1. Les commissions paritaires sont les instances qui gèrent l'avancement, les mutations et promotions des enseignants.

On a mis en place *la procédure* : grandes grèves au printemps ; lettres ouvertes envoyées à la presse, signées par les profs, les parents, les élèves, le personnel du lycée. Courriers au Recteur, au député du coin, au maire, audience et sit-in devant le Rectorat. Des dossiers s'étalaient en salle des profs : « le Proviseur et sa secrétaire » (il était soupçonné de l'avoir enfermée dans son bureau), « le Proviseur et les élèves », « le Proviseur et les parents », « le Proviseur et les profs ». Enfin blocage général du lycée, piquets de grève à l'entrée, et dehors, deux cents élèves qui patientent... Nous étions « en lutte ».

A la fin, c'était la chasse à l'homme : pour accéder à son bureau, il devait inventer des détours invraisemblables, quitte à faire le tour par l'extérieur du lycée ; on aurait dit une bête traquée. Je le revois, rasant les murs, coiffé d'une espèce de chapka qu'il portait en toute saison. On s'en amusait : du concierge du lycée aux représentants des parents, on ne lui parlait plus que l'injure à la bouche, ou mieux, on se mettait à pleurer dès qu'il tentait d'engager la conversation, comme pour mieux souligner son autoritarisme.

Je n'éprouvais pas de sympathie particulière pour cet homme, mais je n'avais participé à aucune action visant à son départ : j'avais été l'un des quatre professeurs à continuer de faire cours :

arriver dans un lycée désert, croiser le regard de quelque CPE[1] qui vous considère comme un jaune, traître à la cause du service public, finir sous les « woh non ! » d'élèves éparpillés qui pensaient ne pas avoir cours de la journée :

— Vous avez peur de perdre de l'argent ? Vous n'êtes pas solidaires de vos collègues !

------

1. Conseiller principal d'éducation.

CHAPITRE 3

La Légende du Grand Rabatteur

La deuxième « action » était autrement plus ambitieuse. Elle ne manquait pas de souffle. C'était une action au long cours : bâtir le plus mauvais lycée de France !

L'établissement était quasi neuf ; la carte scolaire ne lui était pas défavorable : des élèves et des familles dans l'ensemble respectueux de l'institution scolaire ; des différences de niveau, certes, mais le mélange, tel que je pouvais l'avoir sous les yeux, prenait plutôt bien. Rien ne prédisposait cet établissement à une destinée exemplaire.

Dix ans plus tard, les résultats au bac avaient atteint des profondeurs abyssales, le lycée avait perdu plus du tiers de ses élèves, les parents d'élèves des collèges du secteur écrivaient pétition sur pétition pour que leurs enfants ne soient pas contraints de s'y inscrire, les établissements privés de la ville connaissaient une croissance spectaculaire, et nous étions promus par tous les classements avant-dernier, puis dernier lycée de France (à l'issue d'un *mano a mano* acharné, nous avions fini par dépasser le dernier lycée de Guyane, celui où l'on ne peut accéder qu'en pirogue, près de Papaïchton je crois…). De la belle ouvrage. Le Ministère ne se sentit pas de joie : il décida de nous classer « site d'excellence ».

Comment avons-nous fait ? Aujourd'hui encore, tel un sportif abasourdi par son nouveau record, je peine à m'expliquer la « performance ». Pourtant, après toutes ces années passées là-bas, me voilà presque promu gardien du temple, mémoire de l'exploit, un des derniers survivants de la fabuleuse épopée. A ce titre, je me dois de consigner soigneusement les étapes de cette longue marche, à commencer peut-être par les protagonistes.

Il y avait les élèves, évidemment (certains ont apporté une contribution extraordinaire), des moyens, c'est vrai (nous avions des premières littéraires à moins de vingt élèves, de nouvelles options créées chaque année), nous bien sûr, les enseignants : « inventifs et solidaires » ou collaborateurs passifs et taiseux, et deux précieux personnages, qui ont su, sans barguigner, mettre tout leur savoir-faire au service de notre ambition.

Lui, grand amateur de cathédrales et d'opéras, est rapidement devenu une idole : le nouveau Proviseur se voulait disponible, « ma porte vous est ouverte » répétait-il en toute occasion. On le trouvait cependant rarement dans son bureau : il avait élu domicile en salle des professeurs, généralement un gage de longévité pour un Proviseur. Assis sur un coin de table, il y discutait des affaires internationales, du pouvoir d'achat, de l'actualité culturelle, dans une atmosphère chaleureuse et conviviale, entrecoupée de petits rires charmants. Quand il est tombé malade, toute la salle des professeurs s'est cotisée pour lui offrir des chocolats. Le « patron » n'était plus un ennemi de classe, c'était un gentil patron, presque un ami.

Elle, Proviseure-adjoint, expliquait avoir été traumatisée jadis par un professeur de latin, et me voua donc dès son arrivée une haine inexpiable. C'était une ancienne professeur d'économie, que son tout nouveau pouvoir épanouissait ; elle rosissait de bonheur à l'idée de s'asseoir enfin dans le fauteuil du chef, de devenir l'objet des cancans du lycée, de constater que ses propos acquéraient subitement du poids, comme par magie. Elle avait installé son bureau dans l'espace fumeurs de la salle des professeurs, où, entourée d'un parterre d'admirateurs, elle distribuait bons et mauvais points au personnel d'établissement.

Ils avaient l'un et l'autre parfaitement saisi les missions du Proviseur moderne : éviter tout contact avec les élèves, laisser gouverner les représentants des enseignants, et, pour leur être agréable, cogner sur tout enseignant qui ne marcherait pas en rangs serrés derrière eux. Un rôle de Rabatteur, en somme. Ils ont excellemment réussi dans leurs missions : le lycée passait pour explosif en raison des tensions entre profs et direction, tout s'apaisa.

Nous recevions chaque semaine dans nos casiers le mot du Grand Rabatteur, qu'il appelait pudiquement des « brèves ». De ce bavardage oiseux (« Il en va de l'enseignant comme du bon vin, il se bonifie en vieillissant », ou encore : « Je me suis toujours défini comme un professeur de français enseignant les mathématiques »), émergeaient çà et là quelques perles sur le droit d'expression : « Si vous contestez votre notation administrative, le mieux est encore de contacter *votre* syndicat. » Précaution inutile : qui aurait songé à contester sa note ? Sur 100 professeurs notés, 94 avaient la note maximale, souvent assortie d'appréciations presque compromettantes : « Enseignant exceptionnel. Rayonne hors les murs. » Don Didier, tout ébaubi du compliment, avait dû s'asseoir un instant. Un jour de prérentrée, une collègue s'était hasardée à présenter une liste indépendante aux élections du personnel, le Grand Rabatteur s'était offusqué : « Oui, mais moi, j'ai l'habitude de travailler avec les syndicats en place… » Les enseignants en désaccord avec ce fonctionnement étaient invités à partir, et, de fait, plus d'un enseignant sur deux demandait à quitter l'établissement chaque année, phénomène assez rare dans un lycée.

Quand je lui demandais audience, il refusait de me recevoir, à moins que je ne fusse accompagné d'un « représentant ». Je restais donc assis devant son bureau pendant toute une après-midi, jusqu'à ce qu'il appelle son adjointe : ils étaient là à me fixer d'un œil sévère : « Mais si vous n'êtes pas en accord avec le *projet d'établissement,* pourquoi est-ce que vous ne partez pas ? »

Cette tâche de rabattage était, il est vrai, largement facilitée par la docilité du « gibier » : compte tenu de ce qu'étaient nos conditions de travail au quotidien, nous étions assez naturellement portés à suivre toute personne à même de nous apporter des informations ou une aide pour nos mutations, nos promotions, notre défense… Le Grand Rabatteur y apportait sa touche de « rigueur » : il fallait être accompagné d'un « représentant » pour discuter, contester, exister… :

— Gérard, tu peux venir avec moi deux minutes ?

— Oui, bien sûr Augustin, qu'est-ce qui se passe ?

— Je voudrais aller faire pipi, et le Proviseur a dit que je devais être accompagné par un représentant syndical…

— Augustin, la provoc, ça suffit !

Thélème

Tout l'effort de notre « projet d'établissement » était tendu vers un seul et unique objectif : que l'élève « se sente bien » au lycée : responsabiliser l'élève, dialoguer avec lui, lui faire connaître ses droits, le rendre acteur de son propre savoir, pratiquer la « remédiation », « discuter » le projet d'orientation, créer des plates-formes de remobilisation… Finalement, la tâche la plus compliquée pour l'élève était de travailler.

L'établissement était ouvert sur le monde : aucun contrôle à l'entrée, et, de ce fait, beaucoup d'intrusions intempestives. Souvent, les professeurs, entendant pendant leurs cours des bruits étranges dans les couloirs, sortaient de leur classe pour se retrouver nez à nez avec des personnes extérieures à l'établissement, qui n'hésitaient pas à faire preuve d'une certaine liberté de ton… Tapis dans leurs salles, certains collègues s'enfermaient prudemment pour faire cours.

Le Grand Rabatteur l'avait affirmé haut et fort : « Ne comptez pas sur moi pour patrouiller dans les couloirs ! » Je l'ai aperçu une seule fois à l'entrée du lycée. C'était au lendemain d'une réunion un peu houleuse : Henri, un de mes élèves de première ES s'était fait braquer un flingue sur la joue parce qu'il draguait la copine d'un caïd de la cité ; par la suite, les copains d'Henri s'étaient vengés sur la fille en question, dont les parents s'étaient plaints ; autre motif de fâcherie, le personnel d'entretien commençait à en avoir assez de devoir nettoyer chaque jour des couloirs et des salles de classe dégueulasses, les couloirs surtout, où les élèves défonçaient les plaques de polystyrène qui se trouvaient au plafond. Le Grand Rabatteur avait rétorqué : « C'est qu'ils sont grands nos élèves, ils n'ont qu'à lever les mains pour toucher le plafond, je ne peux tout de même pas les empêcher de pousser ! » Les « inventifs » riaient aux éclats, le personnel d'entretien, un peu moins. Je l'ai donc aperçu le lendemain, égaré dans le hall d'accueil, en train de faire les cent pas, les mains derrière le dos, tel un visiteur impatienté...

C'est avec une semblable philosophie que le problème de l'assiduité des élèves fut abordé : dans sa grande sagacité, le règlement intérieur avait autorisé les élèves à arriver en classe avec un quart d'heure de retard, à la première heure de cours, parce qu'il y avait « des impondérables » et qu'il ne fallait pas être « trop rigide ». C'était, de ce fait, tout le long de la journée, un ballet ininterrompu, chaque élève retardataire arguant que c'était là sa première heure de cours. J'avais suggéré qu'on modifiât le règlement de façon à interdire tout retard. Pascale s'était insurgée : « C'est inacceptable, tu es en train d'empiéter sur la liberté pédagogique des enseignants ! »

Le taux d'absentéisme suivait une courbe inversement proportionnelle aux résultats du bac : en janvier 2005, les chiffres avaient été affichés en salle des professeurs, « la lutte contre l'absentéisme commençait à porter ses fruits » : dix-neuf mille trois cent cinquante-quatre demi-journées d'absence sur l'ensemble du lycée, pour le seul premier semestre. En tenant compte des traditionnelles absences de fin d'année, on dépassait de loin les quarante mille demi-journées d'absence par an, pour un lycée qui ne comptait plus alors que mille élèves.

On abordait parfois la question en conseil de classe : « Je suis obligé de travailler. Je termine mon boulot tard le soir » ou encore, agressif et mystérieux : « J'ai des problèmes personnels », sésame qui coupait court à toute discussion. Là il ne fallait plus poser de questions, on entrait dans la douleur intime. Personne ne songeait vraiment à s'enquérir de cette réalité qui s'imposait à l'élève : il pouvait avoir de réelles difficultés économiques ou simplement l'envie de se payer son permis. On prenait un air compatissant : « Pas facile, la vie ! » Et l'élève continuait à sécher tranquillement.

Nous nous penchions régulièrement sur ces grandes questions pendant de longues journées dites « banalisées », où les élèves étaient « libérés » des cours, d'abord en assemblée plénière, puis en ateliers à thème : Pourquoi l'absentéisme ? Qu'est-ce que la violence ? Comment mettre les élèves au travail ? Ces « moments de réflexion collective » étaient « bienvenus » : il n'y avait pas « de réponses toutes faites », il fallait « se méfier des idées reçues », l'important était de « savoir travailler en équipe ».

CHAPITRE 5

Qui croire ?

Nous n'avions pas un public dangereux, les collèges avaient fait un tri, et pourtant il nous fallait des élèves difficiles ! On avait la doctrine, on avait des dispositifs, des enseignants pour, il nous manquait juste les élèves. On a donc créé ce public. C'était une savante alchimie, qui consistait à transformer l'élève un peu perturbateur en cas parfaitement ingérable.

Cas pratique : en novembre, Antonio claque la porte du cours de grec ; cela fait dix minutes que je lui demande de sortir, il reste vissé sur sa chaise : « Non, je sortirai pas ! Pourquoi moi ? Qu'est-ce que j'ai fait ? » Finalement, un surveillant vient le chercher, l'élève revient une heure plus tard, apostrophe son cousin à travers la salle : « Vas-y, passe-moi ton portable ! Je vais appeler mon père, vous allez voir, il va vous mettre deux tartes ! » Le père arrive sur le coup de 18 heures, non sans avoir injurié une ou deux secrétaires, et pesté contre ces profs qui « ne foutent rien », « je travaille sur un chantier moi ! ». J'ai envie de lui dire que moi aussi je travaille sur un chantier. Il hurle au harcèlement contre son propre fils, prétend recueillir des témoignages auprès des copains de son fils, avec lesquels « il a discuté sur MSN » ; son fils n'a rien dit de tel, et s'il est sanctionné, il déposera plainte au commissariat : « Mon fils, je sais quand il a fait une connerie ; et je peux vous dire, je le défonce, si y vient en cours avec des lunettes noires, vous saurez pourquoi ! » Je me tourne vers le Chef d'établissement, soucieux de savoir le tour qu'il entend donner à ces déportements (exclusion de l'élève, signalement éventuel de maltraitance auprès du Procureur…) : « Je fais totalement confiance à votre fils, et je fais totalement confiance à Monsieur d'Humières. » Qui croire ?

Le « qui croire ? » était ainsi devenu un principe de gouvernance : Brigitte, en revenant de déjeuner, retrouve ses cours éparpillés dans la rue : des élèves les avaient balancés du deuxième étage. Mais est-ce que ce n'est pas elle qui les aurait lancés ? Comment les élèves seraient-ils entrés dans sa classe ? Qui croire ? Eric se serait « battu » avec une élève ! Il prétend qu'elle ne voulait pas quitter son cours et qu'il a dû la sortir lui-même. Ce n'est pas du tout ce que dit l'élève. Qui croire ?

L'un des CPE, me trouvant un brin rétif, avait voulu m'aider à comprendre cette approche : « Tu sais, Augustin, je vais t'expliquer quelque chose, c'est un concept de la philosophie japonaise : il y a la Réalité, tu vois et il y a l'Apparence ; là le problème c'est que, toi, tu dis que l'élève a fait ça, et que, lui, il est convaincu du contraire. Et vous restez sur vos positions, c'est sans issue ! Crois-moi, on a bien discuté avec le père d'Antonio, on a bien avancé ! »

Quelques semaines plus tard, en sortant de cours à 17 h 30, j'entends des hurlements au deuxième étage : un type, accompagné de sa femme et de deux gamins, est en train de hurler sur David, le collègue d'histoire, et commence à vouloir le cogner : « Vous les poussez à bout les élèves, de toute façon vous n'aimez ni les Noirs, ni les Arabes, ni les Portugais ! » C'est le cousin d'Antonio qui a lui aussi rameuté son père, lequel éructait dans le lycée depuis le milieu de l'après-midi, sans que personne ait songé à l'en faire sortir. Les gamins avaient compris la technique. Ils étaient au départ très loin de constituer les pires élèves du lycée, mais un bon bougre auquel on laisse penser qu'il peut tout se permettre, Platon appelle ça un tyran ! Un attroupement s'est formé autour du petit groupe vociférant ;

des collègues ont voulu protéger David, l'un des gamins est intervenu : « Tu t'en mêles pas, c'est une affaire entre eux ! » Les représentants du personnel se sont effacés pudiquement, la Proviseure-adjoint répétait en boucle à David qui sortait de huit heures de cours : « Oh, vous êtes tout blanc, vous êtes tout blanc ! » Pour l'accompagner au commissariat, ça ne se bousculait pas au portillon. Le lendemain, nous sommes allés voir le Proviseur pour demander la suite qu'il entendait donner à cette affaire : « Je crois que vous êtes encore sous le choc, prenez un peu de repos. » Et la prof principale de la classe eut l'occasion de décliner le « qui croire ? » à sa façon : « Comme par hasard, c'est à ce prof-là que ça arrive ! »

Cette approche était d'une efficacité redoutable : plus personne n'osait signaler le moindre incident, de peur de le voir prendre des proportions dramatiques. Il n'y avait donc plus aucun problème. Le conseil de discipline ne se réunissait que contraint et forcé, et le Proviseur faisait tout pour dissuader le professeur insulté ou agressé : « Je les connais, les profs, ils viennent gueuler dans mon bureau, et puis après, quand le conseil de discipline se réunit, il n'y a plus personne, ils se déballonnent ! »

De ne rencontrer aucune limite, les élèves finissaient parfois par se lasser. Ils rivalisaient d'ingéniosité dans le divertissement : une année, trois jours durant, les murs des couloirs ont été tapissés d'excréments et de vomissures que l'on apportait dans des sacs en plastique. Aux intercours, les élèves s'agglutinaient autour des téléphones portables pour regarder le « vernissage » qui avait été filmé. La concierge du lycée en pleurait de rage :

— C'est fini, on ne nettoie plus ! Il y en a assez ! On va faire comme les profs, comment est-ce qu'ils appellent ça déjà ?

— Le droit de retrait...

— C'est ça le droit de retrait.

Les enseignants « inventifs et solidaires » se sont emparés du problème : quatre AG dans la même journée, pour aborder doctement le « problème du caca » ; une fois que chacun eut pu démocratiquement s'exprimer, comme le veut la tradition, il fut décidé que chaque enseignant emmènerait sa classe constater les dégradations, voir l'horreur de près. Depuis ma salle de cours, j'entendais les hauts cris des élèves : « Oh non, madame, c'est vraiment scandaleux, ce sont des barbares ceux qui ont fait ça ! » Notre métier est en train d'être redéfini...

Les élèves apprendraient bien quelques règles, mais en sortant du lycée, chez leur premier employeur ; quant à leur marquer les limites, c'était l'affaire de la police ! Ronald Mac Donald pour éduquer, le Flashball pour punir !

CHAPITRE 6

« Politique ambitieuse et courageuse »

Pour éviter de faire des classes dites « de niveau », on veillait scrupuleusement à ce que fussent mélangés des élèves qui pouvaient arguer d'une scolarité sans grands soucis – plus de la moitié des élèves étaient des boursiers –, et quelques autres, dont on pouvait facilement deviner qu'ils n'avaient assimilé aucune des règles minimales du travail en classe, ne serait-ce que celle de rester assis sur une chaise. Il suffisait de quatre, cinq élèves qui cumulaient problèmes d'absentéisme, de comportement, et de niveau, pour rendre la classe ingérable.

Quand une classe devenait simplement dangereuse, le professeur principal poussait parfois un coup de gueule, et l'on dispatchait les élèves « perturbateurs » dans les autres secondes qui fonctionnaient péniblement, histoire d'être vraiment bien sûr qu'il n'y ait pas de classes de bons élèves. A ce compte-là, les élèves à peu près sérieux et motivés furent vite noyés dans la masse. C'était une machine à démolir les « bons élèves », que des parents inspirés n'hésitaient pas à changer d'établissement en cours de route. Généralement, ils quittaient le lycée au bout d'une année, ce qui offrait aussi des moyens de défense inespérés : « Evidemment que nos résultats sont mauvais, les bons élèves ne viennent plus chez nous ! »

Lors d'un conseil de fin de seconde. Anne, admise en première S avec les félicitations, quittait le lycée pour un établissement privé, je perdais aussi une de mes meilleures élèves de grec : « Nous devons tout faire pour conserver cette élève, quitte à lui rembourser les frais d'inscription qu'elle a dû consentir pour sa nouvelle école. Il est extrêmement grave qu'une élève qui a effectué toute sa scolarité dans un collège ZEP, une violoniste en plus, nous quitte, à la fin de sa seconde, pour un établissement privé, et même pas pour des raisons religieuses ou familiales, uniquement par nécessité, parce qu'elle estime qu'elle n'a pas d'alternative. » L'élève parut un peu décontenancée de cette sortie, le Grand Rabatteur se gratta le nez, et laissa répondre un de ses séides, Andrée, en la circonstance, prof de maths, qui communiquait sur le mode du miaulement : « Oh, t'as tort de partir, le public, ça forge le caractère ! » Anne attendait, en larmes, à la fin du conseil : « Je suis désolée, M'sieur, j'ai honte de partir. » Pour avoir effectué la plus grande partie de ma scolarité au lycée Henri-IV, j'eusse probablement gagné à éviter ces petites foucades sur la carte scolaire…

A la faveur de conseils de classe rondement menés, les problèmes rencontrés se répercutaient sur l'ensemble des classes. La Proviseure-adjoint trônait, réjouie, et entamait l'examen des cas un par un : « Alors, jeune fille ? » Regard vers la conseillère d'orientation : « Vous l'avez vue en entretien ? » Première SMS[1], BEP, on évoque différentes pistes. L'élève était passée à la question : « Quel est ton projet, jeune fille ? » La malheureuse n'osait avouer qu'à 14 ans, l'on n'a pas toujours une idée très arrêtée de son futur métier, elle finissait par lâcher du bout des lèvres : « Peut-être du commerce… » Ah, du commerce ! Eh bien c'était tout vu ! C'était un BTS Action Co qu'il lui fallait, sésame bien connu de tous les métiers du commerce !

Se jouait sous nos yeux la répartition sociale et géographique du travail : on saupoudrait les élèves, selon les besoins des sections. Nous avions sous la main une matière très malléable : bien peu avaient

---

1. Sciences médico-sociales.

autour d'eux une famille capable de dire : « Nous voulons cette section, et pas une autre, et surtout pas celle-là. » Il y a les lycées où l'on passe, sans coup férir, en première S ou L, et les autres, où l'on « travaille le projet d'orientation ». Il y a les familles qui connaissent les bonnes filières, et les autres qui viennent se prendre les pieds dans le tapis. A Louis-le-Grand, il n'y a que des sections S ou L ; pas de ES, pas de STG ! Mais comment ils vont faire, les enfants du Quartier latin qui voudraient faire des études de commerce ? J'avais connu, dans ma jeunesse, les lycées pour cadres dirigeants ; professeur, j'avais la joie de travailler dans un lycée où se formait la main-d'œuvre : Christine, une des meilleures élèves du lycée, découvrit au cours du conseil de classe du troisième trimestre de sa classe de terminale L qu'il existait des hypokhâgnes. Durant ses trois années passées au lycée, la conseillère d'orientation, tout comme ses professeurs principaux (dont l'une était normalienne), n'avaient pas songé à lui en parler.

Il s'agissait simplement de remplir les structures qui avaient été votées six mois plus tôt en conseil d'administration. On décidait en novembre qu'il y aurait trois premières littéraires par exemple, et en mai, il ne restait plus qu'à remplir les classes, quitte à fermer les yeux sur les bulletins de l'année écoulée. Tout le monde était content : le Proviseur pouvait arguer auprès de Monsieur le Recteur d'Académie d'un « taux de fluidité » remarquable (taux de passages dans la classe supérieure), les syndicats enseignants se félicitaient de ce qu'on ne supprimait pas de classes et donc de postes, et l'élève, bien entendu, jubilait, en voyant ainsi son horizon se dégager jusqu'à la terminale (le passage de première en terminale étant automatique). Après, pour le bac, c'était une autre affaire. Officiellement, on appelait ça « une politique ambitieuse et courageuse, visant à permettre à chaque élève de réussir dans la voie qu'il s'est fixée ». C'était beaucoup mieux qu'un ascenseur social : une catapulte sociale qui projetait l'élève contre le mur de la réussite.

Exemple d'un passage en première littéraire :

— Alors Eddie a 0,5 en histoire, 4 en anglais, 3 en espagnol, 9 en français, et 43 demi-journées d'absence. Il demande une première L ?

Silence de tous les professeurs... Le CPE intervient :

— Alors pour Eddie le papa est venu me voir hier : en fait il a été très malade, il a perdu 9 kilos.

— Ah oui ? Mais alors ça change tout ! Tu aurais dû nous le dire plus tôt !

— Tu as des preuves ?

— Comment ?

— Tu as vu un certificat de médecin ?

La galerie des motifs de passage s'enrichissait : l'élève pouvait passer en première parce qu'il « s'ennuierait en redoublant », « travaillerait pendant les vacances ». Nouvel argument de passage : le soupçon de diarrhée. Certains élèves se scandalisaient de ce qu'on les faisait... passer : Ophelia n'en décolérait pas : « Ils sont fous, ils veulent m'envoyer en L avec 10 en français ; moi, je veux redoubler ! »

Les résultats de cette « politique ambitieuse et courageuse » ne se firent pas attendre : les taux de réussite aux examens plongèrent rapidement, et les « stratégies d'évitement » se multiplièrent : les élèves choisissaient l'option golf pour atterrir dans le « bon lycée » du centre-ville, les établissements privés profitaient de l'aubaine, ce qui émouvait bien peu les « élus du personnel », pourtant prompts à partir au quart de tour contre « l'argent du privé ». « Les pourcentages ne signifient rien ! » expliquaient-ils aux parents. Nous étions victime de notre réputation ! Il fallait « lutter pied à pied contre la rumeur », « tordre le cou à la calomnie » ! Nos résultats n'étaient pas si catastrophiques que cela, il fallait savoir les lire, c'est tout ! Avec une technique spécifique, baptisée « suivi de cohorte » (méthode qui consistait à savoir combien d'élèves finissaient par avoir leur bac, fût-ce au bout de sept années passées en lycée). Les parents écoutaient, pétrifiés, ces explications fumeuses, laissant percer leur scepticisme devant cette nouvelle manière de lire les résultats du bac. Et puis l'expression « suivi de cohorte » avait une connotation un peu inquiétante : non contents d'être nuls, nous étions vaguement dangereux. Même revisités par cette méthode statistique iconoclaste, les résultats au bac demeuraient stupéfiants : descendre en dessous de 40 % en série générale, compte tenu des conditions actuelles d'attribution (de don, oserait-on dire) du baccalauréat, relevait bien de l'exploit.

CHAPITRE 7

Demolition class

Tous les élèves n'avaient pas la chance de « profiter » de ces passages express dans la classe supérieure ; il y avait ceux que, même avec la meilleure volonté du monde, on ne pouvait pas faire passer en première. Ceux-là ne voulaient pas entendre parler de réorientation (l'apprentissage, la voie professionnelle, c'était « pour les nuls » !). Ils redoublaient leur seconde ; à la fin de la deuxième seconde, où plusieurs professeurs s'étaient à nouveau épuisés à les faire travailler, l'élève était expédié en classe de première technologique. Ces classes jouaient le rôle de voitures-balais des séries générales. Il y eut jusqu'à quatre premières technologiques dans l'établissement ; les lycées voisins avaient compris la manœuvre : ils fermaient leurs classes de première STG, pour se débarrasser de leurs cas ingérables, qui atterrissaient dans le nôtre, lequel, bonne pâte, les accueillait.

A des élèves aux bases mal assurées, le programme proposé consistait à s'attaquer au droit, à la gestion, à la comptabilité. La Conseillère d'orientation n'hésitait pas à vendre la filière aux élèves, c'était la voie royale vers les métiers du commerce et du droit. Bien évidemment, il ne fallait pas leur dire que ces classes étaient des voies de garage ; on encourait aussitôt le soupçon d'élitisme et de mépris des élèves. Ces classes technologiques finissaient même par être considérées comme une solution par les élèves les plus motivés : un bac facile à avoir, en peu de temps, et avec peu de travail. Pas d'accès aux études supérieures, mais qu'importe ! Pour ce que ça rapportait les études supérieures : autour d'eux fleurissaient les exemples de bac + 5 qui finissaient aux caisses d'Auchan.

On construisait sciemment ces machines à démolir, les professeurs dans un premier temps, les élèves ensuite. On y trouvait de tout : l'élève doué, dont on ne savait plus que faire tant il s'employait à se rendre odieux ; une autre, très appliquée, qui peinait à combler ses énormes lacunes dans des classes où l'on entendait rarement le professeur ; et puis celui qui, incapable de rester assis sur une chaise, n'avait rien à faire là, mais suivait le chemin tracé par d'autres avant lui. On y mettait ceux pour lesquels on n'avait pas de temps : pour les mettre à niveau, les orienter correctement, ou leur imposer des règles.

Un simple coup d'œil jeté sur les bulletins scolaires pouvait permettre de deviner l'ampleur du désastre à venir : les élèves les plus durs s'y retrouvaient, ceux auxquels on n'avait jamais su marquer la limite, aussi bien en termes d'assiduité, de comportement en cours, que de travail en classe. Avec eux, le conflit était vain, et possiblement dangereux : ils étaient majeurs pour la plupart, et contestaient tout, leurs notes, les remarques des profs, leurs compétences.

Avec eux surgissaient les incidents les plus violents : une professeur d'espagnol avait manqué de se prendre un compas en pleine tête, un autre se faisait régulièrement gifler par ses élèves. Les conseils d'enseignement de fin d'année confiaient souvent ces classes à des « néo-tits[1] », venus de province, que l'on retrouvait quelques mois plus tard en larmes au milieu de la salle des professeurs, où ils s'entendaient dire par une huile locale : « Tiens, tu as des problèmes avec les AAC2 ? C'est curieux, avec moi, ça se passe très bien ! »

---

1. Enseignants qui sortent de leur année de stage, et viennent d'être titularisés.

Le « bon professeur » devenait alors celui qui se rapprochait le plus de l'animateur de quartier (sans en avoir la formation ni les compétences), celui qui savait que la dernière chose à faire avec ces classes était de prétendre y faire cours. « Au fond, ils ne sont pas méchants ! » C'était vrai, mais nous les avions rendus méchants, nous avions fabriqué de toutes pièces ces classes-là. Nos professeurs d'élite y avaient intérêt dans la mesure où ils pouvaient y mettre en pratique tous « leurs savoirs et leurs savoir-faire » : il ne s'agissait plus de les faire bosser, mais d'éviter le conflit.

Le couronnement de ce brillant cursus était notre classe préparatoire, autrement nommée « BTS », véritable vitrine du lycée et domaine très prisé en ce qu'il permettait à certains enseignants d'y doubler leur salaire (ce qui n'était pas un luxe, compte tenu des revenus d'un enseignant en début de carrière). Il fallait donc maintenir ces « prépas » coûte que coûte, fût-ce au prix de contorsions étranges : la plupart des élèves qui les peuplaient n'existaient pas, c'était des élèves fictifs. Point ultime de la filière technologique au lycée : l'élève évaporé.

En tant que « néo-tit », j'avais moi aussi eu droit à ma classe… de première techno. Les élèves arrivaient au compte-gouttes, « dépêche-toi, assieds-toi » ; l'un se levait déjà pour aller demander quelque chose, « ça va, je demande une feuille ! »,

« vas-y, passe-moi une feuille, fais pas le bâtard ! ». Embrouille. « Mais y me traite de bâtard ! » C'était quasiment la moitié du cours qui partait en fumée. Les élèves qui se hasardaient à participer se faisaient aussitôt traiter de « suceurs », gestes à l'appui. Les meilleurs lisaient avec le doigt, sans marquer le moindre temps d'arrêt. Beaucoup s'endormaient, d'autres ne pouvaient pas tenir en place, et soulevaient la table avec leurs genoux. A chaque bac blanc, Fahd, assis à la gauche de mon bureau, occupait ses quatre heures à faire couler un peu de plâtre d'une brèche qu'il y avait dans le mur ; il disposait le plâtre sur la table, en ligne droite, à l'aide de sa carte orange, en me toisant d'un regard haineux. J'étais presque réjoui de ce sympathique clin d'œil à l'œuvre de Brian De Palma, mais j'appris quelques jours plus tard que *Scarface* était maintenant un jeu vidéo.

Il y eut assez vite une fronde des professeurs de techno contre la constitution de ces classes : il fallut trouver d'autres solutions. On inventa donc des « premières à projet », où l'on pouvait envoyer tous les élèves qu'on voulait puisque ce n'était pas une première comme les autres, c'était une première… à projet. Il y eut d'abord une première ES à projet, puis l'année suivante une première S à projet. Curieusement, jamais de première L à projet : compte tenu du profil des élèves que l'on y faisait passer, l'existence d'une filière littéraire relevait sans doute déjà du projet.

Ce nouveau type de classes ouvrait la voie à un nouveau type de professeurs : puisqu'il était rigoureusement impossible d'y faire cours, inutile pour le professeur d'être trop « érudit ». Son savoir pouvait devenir encombrant, voire dangereux : « Il ne saurait pas s'adapter ! » Nous vîmes donc surgir des enseignants d'avant-garde, à la pointe du combat contre le manque de moyens et la bivalence[1], mais qui préparaient des élèves au baccalauréat dans des matières où ils n'avaient pas reçu le début du commencement d'une formation. Vous pensiez fréquenter un honorable collègue de lettres, et vous côtoyiez sans le savoir un expert en gothique flamboyant, spécialiste de l'expressionnisme allemand, ou grand maître de l'art abstrait… Une élève avait admirablement su vanter les mérites de ce nouveau type d'enseignement dans la gazette du lycée : « Apprendre à décrire des tableaux avec des "genre le mec là" ou "c'est moche", ça devient un cours d'échange. »

Les aventures de ces « initiés » prêtaient parfois à sourire : partis en excursion au Louvre, ils s'étaient égarés avec leur classe en cherchant la

---

1. Pratique consistant à faire enseigner par un même professeur deux matières différentes.

Joconde. La première fois que leurs élèves ont passé la matière au baccalauréat, le centre d'examen, alarmé, a appelé le lycée pour savoir s'ils ne s'étaient pas trompés d'épreuve. Revenus d'un de leurs nombreux voyages de travail, ils échangeaient des souvenirs dans le hall du lycée, se tenant les côtes de rire devant un élève désemparé : « Ah, ah, ah ! Venise ! Tu te souviens, Larry et son big mac ! » Avec une sûreté de spécialiste et une intuition de poète, ils avaient su capter tout le charme de la cité des Doges.

CHAPITRE 8

Uranus

Rien ne me prédisposait véritablement à entamer dans cet humble village une carrière de résistant ; j'avais un fond de lâcheté très supérieur à la moyenne, une réelle prédisposition à accepter tranquillement cet état de fait, j'étais tout prêt à être moi aussi « de gauche ». Mais je n'avais pas les codes. Cette étiquette de bourgeois du Quartier latin égaré dans les banlieues m'a permis de me tenir à distance raisonnable d'une curée à laquelle mon tempérament naturel m'aurait vraisemblablement porté à paticiper.

La visite de courtoisie que j'avais menée à mon arrivée dans le courant du mois de juillet, n'avait pas eu le succès escompté. Je me suis vite retrouvé avec des journées-gruyère : une heure de cours, deux heures de trou, une heure de cours, deux heures de trou, une heure de cours… J'avais beau passer des heures à parler psycho-pédagogie dans le bureau de la Proviseure-adjoint, rien n'y faisait : mes « heures de convivialité » (c'est le nom que la maison donne aux heures de trou !) croissaient chaque année de façon parfaitement régulière... Ces « heures de convivialité » consistaient à errer dans une zone industrielle avec pour horizon immédiat une usine à grains dédiée à l'alimentation animale, une station de lavage, et une clinique vétérinaire. J'en avais plaisanté avec le Grand Rabatteur : « Vous savez, je n'ai pas à ma disposition d'animal de compagnie, ni de véhicule particulier d'ailleurs, par conséquent ces petites balades me sont d'une utilité assez médiocre ! » Il s'était mis à hurler qu'il « ne tolérerait pas que je lui parle sur ce ton ». Je commençais chaque prérentrée par essayer de réparer ce que je considérais comme un désastre, en photocopiant tous les emplois du temps, pour essayer de déplacer une heure ou deux. Les collègues étaient hilares. « Oh, je ne comprends rien à ce que tu me racontes ! On s'en reparle après le déjeuner. »

Pour cette première année, on m'avait confié une première d'adaptation (les ADA, comme on disait) : des élèves qui sortaient de lycée professionnel, pour intégrer la voie technologique. Ils n'avaient quasiment pas fait de français depuis deux ans, et l'on pouvait dire, sans trop de crainte de se tromper, qu'ils avaient assez peu de goût pour la matière. A la fin de l'année, ils allaient devoir rédiger un commentaire ou une dissertation, et présenter un exposé de dix minutes sur l'intérêt littéraire d'un texte de Baudelaire ou de Marivaux.

Le discours que je leur tins fut à peu près celui-là : « Ça ne va pas être simple, vous allez dans huit mois devoir expliquer un texte, analyser son décalage d'avec le langage normal, dire en quoi ce texte n'est pas un texte comme les autres, un texte littéraire ; or vous n'avez à ce jour qu'une notion très approximative de ce qu'est le langage courant ; il va donc être compliqué de mesurer l'écart d'un texte par rapport à quelque chose que vous ne maîtrisez pas. Vous allez avoir à rédiger quatre pages de devoir écrit, vous êtes aujourd'hui incapables de rédiger un paragraphe sans fautes, ce qui constitue déjà un facteur de discrimination quand vous voudrez chercher du travail. Cette année est votre dernière chance de maîtriser à peu près correctement la langue française. Alors on va gagner du temps : il y a des choses sur lesquelles on ne discute pas : si vous prétendez assister au cours, vous arrivez à l'heure, je sais que le règlement vous accorde un délai d'un quart d'heure, moi pas, et vous apportez vos affaires ; vous ne débarquez pas hagards, sans savoir de quoi on va parler, en jetant votre sac sur la table. Si vous avez été absent au cours précédent, ce n'est en aucun cas une excuse pour ne pas faire votre travail ; ce n'est pas à moi de vous courser dans la cour de récréation pour vous dire : "Au fait, on a fait ça aujourd'hui, et tiens, voilà ta petite photocopie." L'essentiel du travail va se faire en cours ; déjà, si vous arrivez à écouter et à ne pas vous endormir, c'est énorme ; chez vous, vous ne travaillez pas, inutile donc de vous donner des recherches ou des préparations. On expliquera tout à l'heure un poème de Baudelaire, vous l'apprendrez par cœur. Si le texte est su, vous aurez 20, et ainsi des autres textes qu'on étudiera. Si vous les connaissez tous, vous aurez 20 de moyenne. Vous aurez par ailleurs un entraînement à l'écrit toutes les trois semaines. Pour chaque copie écrite rendue, toute faute devra être corrigée et recopiée vingt-cinq fois. Si vous ne rendez pas ces devoirs supplémentaires, votre moyenne sera divisée par deux. Je vous souhaite une très bonne année, et vous redis la joie que j'ai à travailler avec vous. » Ils m'ont regardé, certains surpris, d'autres plus goguenards. Ils découvraient le lycée, et n'avaient pas encore acquis suffisamment d'assurance pour contester tout de suite.

Assez vite, le climat s'est tendu : certains élèves rendaient des copies avec plus de cinquante fautes et se retrouvaient avec mille deux cent cinquante mots à copier. Quelques collègues s'étaient chargés de leur dire que je débutais dans le métier : « Y a des problèmes avec les ADA ! Tu sais, le français n'est pas leur matière principale ! C'est pas des littéraires ! » me répétait-on, comme si le fait de savoir écrire correctement le français était réservé à des littéraires.

En juin, la classe de première d'adaptation obtint la meilleure moyenne des premières au bac français, et la moyenne de cette classe avait doublé par rapport à l'année précédente. J'étais vraiment le seul à me préoccuper de ce hasardeux calcul, qui ne signifiait évidemment rien et n'avait pas sa place dans un établissement public d'enseignement. Ce résultat, dont je n'étais pas peu fier, eut pour seule conséquence de me conforter dans des méthodes que j'avais décidées sur le tas et de me valoir la brusque sympathie d'élèves, qui, l'année suivante, me saluaient hilares dans les couloirs. Finalement, pour qu'ils se « sentent bien » au lycée, le mieux était peut-être qu'ils y travaillassent.

CHAPITRE 9

« *Parle plus bas...* »

Les problèmes de la classe de première d'adaptation se retrouvaient, peu ou prou, dans beaucoup d'autres classes de première. Les années qui suivirent, j'appliquai les mêmes méthodes, et les vrais ennuis commencèrent.

Les élèves se plaignaient : non-respect du règlement intérieur, surcharge de travail, devoirs sur table ajoutés à des heures où ils n'avaient pas cours... Mais, cette fois-ci, leurs plaintes étaient relayées par la Proviseure-adjoint, qui incitait les parents à produire des témoignages écrits, parfois avec certificat médical à l'appui. J'étais régulièrement convoqué dans son bureau pour de petits face-à-face haineux, où je découvrais l'élève en pleurs, les parents hors d'eux : « C'est moi qui ai dû finir les mots à copier ! On s'est couchés à une heure du matin, elle n'en pouvait plus, la petite !

Je vous préviens, à partir de maintenant, elle les fera plus vos devoirs ! », et la Proviseure-adjoint, épanouie dans son gros fauteuil en cuir : « C'est peut-être à vous de remettre en question vos méthodes… » Chaque élève savait à présent que les bureaux de l'administration pouvaient orchestrer ses doléances. Un élève se plaignait de ce que je ne l'acceptais pas en cours :

— Vous n'avez pas le droit, de toute façon, vous êtes incompétent, et je suis pas le seul à le dire !

— Tu as parfaitement raison, n'hésite pas à me faire un procès pour harcèlement moral, tu trouveras tout ce qu'il faut chez la Proviseure-adjoint.

C'est ainsi que s'est constitué un « dossier », mon dossier. La rumeur en faisait état : « Il a un dossier au Rectorat. » Un dossier est constitué des lettres de gens qui se plaignent de votre travail, la Direction du lycée les transmet au Rectorat, dans une procédure assez peu soucieuse du respect des droits de la défense. Vous ne savez pas très bien ce que vous avez fait, vous ne savez pas comment on s'y prend pour avoir accès au dossier… Un numéro d'urgence était gracieusement mis à disposition par le Rectorat : SOS Créteil détresse.

Ce « dossier noir » n'était qu'un des aspects de la position fâcheuse dans laquelle je m'enfonçais au cours de mes premières années au lycée. Mes « méthodes pédagogiques d'un autre âge », comme disait l'Inspecteur, commençaient à me singulariser dangereusement au sein de l'équipe des professeurs de lettres.

Nous nous rencontrions de temps à autre au cours de petits sommets pédagogiques : Perrine apportait des chouquettes, Ghislaine des confitures de coings, on plaisantait, on parlait théâtre, on commandait des livres : « Ah, oui, Don Quichotte, crois-tu ? Peut-être plutôt le Modiano ? », on achetait des manuels, celui que Jean-Jacques et Perrine avaient rédigé par exemple ; le lecteur DVD avait disparu : on en commandait un autre ! On se promettait de travailler en équipe ! Un seul bac blanc (comme à Louis-le-Grand), pour lequel il fallait prévoir deux mois de délai de correction, sinon Ghislaine nous avait prévenus : elle ne les rendrait pas à l'heure !

Les trois quarts des élèves étaient incapables de rédiger une copie correctement, mais nous étions là pour « faire aimer la littérature », faire en sorte que nos élèves rencontrent un jour « le plaisir du texte ». Quant à apprendre à écrire correctement le français, c'était le travail d'un professeur de collège, voire d'un pauvre instituteur. Nous étions censés définir ensemble des barèmes de correction pour les examens blancs : « Oh, Augustin, tu ne vas pas encore nous rebattre les oreilles avec ta grammaire ! »

Cette manière d'enseigner le français était parfaitement en phase avec le discours officiel. Quand nous prenions nos instructions pour la correction du bac, le refrain était le même : surtout vous ne sanctionnez pas trop l'orthographe (« sauf si phonétiquement, vous ne comprenez pas »), vous valorisez « l'effort d'invention », et vous faites en sorte que vos moyennes tournent autour de 9, sinon, de toute façon, on vous les remontera.

Mes ennuis avaient commencé par des emplois du temps « adaptés », un « dossier au Rectorat », ils continuèrent avec une notation administrative bloquée, des appréciations infamantes : « Peut déstabiliser des élèves fragiles », ce qui dans le langage feutré des notations administratives signifiait ni plus ni moins que je poussais les malheureux élèves au suicide.

Vint ensuite l'interdiction d'enseigner dans certaines classes. Ce fut Don Didier qui me l'annonça, lors du conseil d'enseignement de fin d'année, où les professeurs se fabriquent eux-mêmes leurs services. Il était parti dans le bureau de son Proviseur chéri, pour en revenir la mine déconfite : « On est extrêmement gênés, Augustin, le Proviseur ne veut pas que tu aies de première. Il a prononcé des mots que j'aurais préféré ne jamais entendre, il a parlé d'un dossier noir, au Rectorat... » Grand silence de tous les collègues. Il reprit d'une voix chevrotante : « Augustin, on veut bien te défendre, mais tu ne nous le demandes pas... » Je baissai les yeux, puis murmurai, la gorge nouée : « Soyez mon ami... commissaire paritaire... »

Je ne sais s'il avait saisi la référence au croque-mort Bonasera, en train de baiser la main de Vito Corleone, mais Don Didier fut contrarié, ce qui chez lui se marquait par un mouvement circulaire de la tête qu'il commençait par le haut, en ouvrant grand la bouche, comme s'il cherchait sa respiration, pour se terminer par un ravalement de salive. Il devint rubicond : « Non, mais dis donc, petit bâton merdeux... », s'emporta-t-il, avant d'être précipitamment évacué par Ghislaine. Le dignitaire syndical ne doit jamais perdre son sang-froid.

CHAPITRE 10

« Crever ici ! »

Je passais le plus clair de mon temps à faire des va-et-vient sur la passerelle du lycée. J'y croisais de temps à autre des élèves goguenards : « Mais, vous n'avez jamais cours ? » Hakim était persuadé que je dormais dans le lycée. Le vendredi soir, à la fin du cours de grec, il trouvait extrêmement spirituel de dire à la cantonade : « Ben, on va vous laisser sortir votre lit et vous préparer pour le dîner ! »

Au hasard de mes interminables promenades, je tombais parfois sur mon ami le Grand Rabatteur : il me voyait arriver de loin, ses membres alors se raidissaient, le diamètre de ses yeux s'agrandissait de façon inquiétante, et il se mettait à regarder droit devant lui. Les jours de grande forme, je lui lançai : « Mes respects, Monsieur le Proviseur ! » Alors il sursautait, lâchait un grognement sourd, et se mettait à presser le pas.

Les quelques collègues avec lesquels j'avais entamé une discussion partaient au bout d'un an, non sans m'avoir vivement recommandé d'en faire autant. Mes perspectives de carrière n'étaient guère enthousiasmantes : avec les notes et les appréciations dont le Grand Rabatteur voulait bien me gratifier, je n'étais pas près de passer à l'échelon suivant, ce qui n'était d'ailleurs pas bien grave ; comme la prof d'éco le claironnait à ses élèves de première ES : « Il est plein aux as, il fait ce boulot pour s'amuser ! »

J'avais désormais tendance à développer les comportements de bête traquée que j'avais observés chez le Proviseur-lanceur de poids. Je traversais la salle des profs comme un zombie, plongeais la tête dans mon casier, et en ressortais tout aussi mécaniquement. C'était la dernière étape du plan pour éjecter le collègue indocile : les conversations qui s'arrêtent quand tu arrives, les collègues qui te regardent avec un sourire en coin, ou mieux, te disent bonjour comme on saluerait un malade en phase terminale, un bonjour murmuré, chuchoté, et puis les rumeurs propagées avec bienveillance auprès des élèves :

— M'sieur, c'est vrai qu'avant, vous étiez prof en fac, et que vous avez été viré parce que vous avez eu des problèmes avec une élève ?

— Qui est-ce qui t'a dit ça, mon petit bonhomme ?

— J'sais pas, c'est ce qui se dit dans le lycée.

La nouvelle CPE, fraîchement débarquée de Marseille, avait mis un an avant de m'adresser la parole : « En fait, quand je suis arrivée, la Proviseure-adjoint m'avait convoquée dans son bureau pour me dire qu'il y avait des professeurs qui avaient des histoires avec les élèves… »

Le président de l'association des parents d'élèves n'était pas en reste : « Monsieur le Ministre, nous tenons à vous signaler que Monsieur d'Humières ne respecte en rien ses obligations ainsi que les règles de fonctionnement du lycée : il se permet d'organiser ses cours comme bon lui semble, en fonction de ses propres règles de fonctionnement. Il inscrit ou n'inscrit pas les élèves absents suivant ses humeurs. Cela est intolérable ! Son comportement nuit à l'image de l'établissement, il est grand temps d'agir ! Devant cette triste réalité, les Parents d'élèves du lycée vous demandent de réagir, afin que nos enfants aient un professeur à la hauteur de la tâche et des exigences inhérentes à cette fonction. »

Je commençais à réaliser à échéance le pronostic annoncé par Laurie, une ancienne élève qui repassait au lycée de temps à autre :

— Tiens, vous êtes encore là vous ?

— Oui, mais là, c'est ma dernière année ! J'ai fait mon temps !

— Ouais c'est ça, vous allez crever ici !

Et de partir d'un rire sonore, que j'avais trouvé très appréciable pendant les cours de grec, un peu plus cruel en la circonstance présente.

Je n'avais qu'à partir, mais pour aller où ? Le pouvoir syndical, des chefs d'établissement un peu couards, j'en rencontrerais partout. Et puis, je n'avais aucune raison de partir : mon emploi du temps, l'hostilité de quelques notables, mes histoires de notes bloquées ne pouvaient occulter le fait que j'avais le sentiment d'être à ma place. C'est là que je voulais faire cours : des élèves qui pouvaient être très encombrants mais qui, bien cadrés, apportaient une fraîcheur et un appétit de savoir que je n'étais pas sûr de retrouver ailleurs. J'avais le sentiment d'avoir le profil du poste : bon prof, mais pas trop bon, au sens où, si j'avais été une pointure, un type ultra-brillant, digne des classes prépa, j'aurais sans doute été moins efficace ; j'avais la fibre un peu footballistique, celle du coach qui aime à motiver ses troupes à quelques jours du bac français, avec des phrases ineptes (« C'est votre dernier défi ! ») ; quand l'un d'eux commençait à se déconcentrer au bout d'une heure de devoir sur table, je m'approchais de sa table, le poing serré, en lui hurlant : « Mais joue ! » Il me regardait tétanisé, et se replongeait dans sa copie avec un fou rire.

Je n'avais pas l'envie de partir, et pourtant je sentais bien que je commençais un long voyage vers l'autisme. Il est impératif dans ce type de travail d'avoir des relais, de travailler avec quelqu'un. Les chefs d'établissement ? Il n'en était évidemment pas question. Avec les professeurs, le terrain était totalement miné par l'action syndicale, qui me paraissait complètement décalée par rapport aux urgences présentes ; les parents que j'entrevoyais me semblaient tout aussi infréquentables. Tout compte fait, les seuls avec lesquels j'avais une chance de travailler, de pouvoir construire quelque chose, c'étaient les élèves.

Le dernier des Proviseurs

*On dira qu'elle est folle. Ou perverse. Ou quoi
encore ? Ceux, professeurs ou personnels de
l'administration scolaire, dont elle a osé vouloir
déranger les habitudes, n'ont pas manqué d'imagination pour l'affubler de qualificatifs diverse-
ment aimables. Folle, Christine Bureau-Garonne a
bien failli le devenir pour de bon. Retraitée depuis
peu, elle a payé sa carrière de proviseur d'une
crise cardiaque et d'un séjour en clinique psychia-
trique pour dépression grave. Comme en prévision
de jeter un jour une bouteille à la mer, elle a
consigné depuis le début les moindres traces de sa
bataille avec certains acteurs du « Mammouth »,
cette grande machine bien (ou mal) huilée de
l'Education. Des cartons pleins de lettres d'in-
jures et de dessins caricaturaux, mais aussi de
rapports administratifs lui donnant, au bout du
compte, raison. Poids total des cartons : 10 kilos*

de désillusions et de souffrances. Avant de se retirer des affaires, à soixante ans tout rond, elle s'est décidée à jeter la bouteille, que le hasard a fait accoster dans ce livre.

Elle a la mine joviale, des lunettes fantaisistes et un parler sans détours. Christine Bureau-Garonne le dit tout de go : « Je suis un peu marginale car j'ai une carrière parfaitement ratée. Dès lors que vous ne rentrez pas dans l'ordre du "pas de vagues", et ce n'est pas mon truc, c'est fini : vous vous mettez à dos votre hiérarchie et vos collègues. Vous aurez trop préféré les élèves à l'institution – j'allais dire : les consommateurs au supermarché. Que les choses soient claires : je ne suis pas une héroïne. Je n'ai fait que vouloir résister à des dysfonctionnements du système, à l'intérieur du lycée comme au niveau du rectorat. »

La carrière parfaitement ratée commence par une agrégation de mathématiques en 1971. Native de Bordeaux, Christine Bureau-Garonne enseigne à Chantilly, puis à l'Ecole alsacienne, où elle exerce aussi la fonction de censeur, puis au lycée Jacquard, dans une classe préparatoire spéciale destinée à préparer des élèves post-BTS aux concours de l'Enset et des Arts et Métiers.

La carrière ratée suit son cours : Christine Bureau-Garonne est reçue première, en 1990, au concours des personnels de direction de l'Education nationale. La suite des circonstances l'amène à devenir proviseure-adjoint du lycée Evariste-Galois de Sartrouville (1991-1994), puis du lycée Fénelon, à Paris. L'établissement est alors dirigé par Marguerite Gentzbittel, « Madame le Proviseur », auteur du livre qui l'a rendue célèbre et référence estimée de la profession. Celle-ci s'alarmait du discrédit qui gagnait le métier de proviseur : elle avait ainsi présenté Christine Bureau-Garonne à l'équipe des professeurs de Fénelon : « Regardez-la bien, vous avez devant vous une des dernières chefs d'établissement qui sait lire et écrire. »

Après Fénelon (1994-1998), où elle laisse à Marguerite Gentzbittel le souvenir d'une proviseure-adjoint « compétente, positive et loyale », elle demande à être mutée de nouveau en banlieue. « Pour moi, dit-elle, la mission d'un chef d'établissement est de s'occuper aussi, ou d'abord, de ceux qui sont au bord de la route. L'idée de quantifier l'Education nationale, avec les fameux 80 % au bac, est absurde. La question n'est pas d'avoir le bac mais, au moment de quitter l'école et d'entrer dans le monde du travail, de savoir parler français, d'être bien dans sa peau, de réfléchir à peu près sainement. Ceux qui ne sont pas adaptés à l'école, l'école doit pouvoir s'adapter à eux. Et cela, elle ne sait pas le faire. C'est une part de la mission que je m'étais assignée. »

Voilà comment Christine Bureau-Garonne est devenue proviseure dans l'un des plus grands établissements de Seine-Saint-Denis. Une flambée de violences avait eu lieu dans le département l'année précédente, en 1997, ce qui n'était pas pour déplaire à son sens du défi. Elle arrive avec armes et bagages dans « un superbe appartement de fonction, genre HLM des années 1960, donnant sur le parking et la salle des profs ».

C'est la rentrée. Des professeurs en délégation syndicale entrent dans le bureau de la proviseure et évoquent la grève nationale, prévue pour la journée. Elle leur demande, conformément au règlement, de lui fournir la liste des grévistes. « Ils me répondent : "On ne donne pas de liste. On ne fait pas de retenue sur les salaires. Pas vu, pas pris !" Je rétorque : "Eh bien avec moi, ce sera vu, pris !" Je commençais mal. C'est de là que sont venus tous mes ennuis. J'ai dressé la liste des grévistes et des non-grévistes, et demandé aux secrétaires de l'envoyer au rectorat. Elles ne l'ont pas fait. J'ai envoyé la liste moi-même. Seuls vingt-cinq professeurs, sur deux cents, tenaient le groupe en respect. N'est-ce pas la définition d'une dictature ? L'un de ceux qui ne voulaient pas faire grève m'a confié qu'il s'était entendu répondre : "Sache qu'ici, on est 100 % de grévistes." »

La suite des événements est à l'avenant. La proviseure rencontre au centre de documentation un employé qu'elle ne connaissait pas. Elle lui demande de se présenter.

— Je n'ai pas vraiment de contrat, dit-il.

— Vous voulez dire que vous travaillez ici au noir ?

— Oui.

— Qui vous a autorisé à travailler, et même à fréquenter l'établissement ?

Une documentaliste vient à la rescousse de l'employé :

— Il fallait bien qu'on trouve les moyens de le faire travailler, son emploi-solidarité était arrivé à terme.

— Comment le payez-vous ?

— ...

— Je suis désolée. L'Education nationale a des règles. Pour y travailler, il faut entrer dans un cadre.

Site d'excellence

Peu de temps après, Christine Bureau-Garonne découvre dans son parapheur un document à signer. 91 heures doivent être payées à cette personne. Elle renvoie le document avec une annotation : « Qui m'envoie ce document ? Qui l'a autorisé à travailler ? » Pas de réponse. L'employé n'a plus travaillé dans le lycée. Pour la proviseure, c'est rebelote. Elle était une « sans-cœur ».

Ses affaires ne s'arrangent pas lorsqu'elle demande à examiner le tableau des heures supplémentaires, dont elle s'aperçoit qu'un certain nombre sont payées indûment. Lorsqu'elle cherche à consulter le tableau de répartition des dotations par disciplines, plein d'obscurités. Lorsqu'elle s'étonne de devoir signer une convention à une stagiaire dont elle ne connaissait pas l'existence, ou encore les interventions dans les classes d'une femme inconnue d'elle, pour des conférences dont elle ne connaît pas le contenu, dont elle apprend qu'elle a toujours été rémunérée sur le budget de l'établissement. Lorsqu'elle refuse de payer la facture que lui tend un professeur de physique après avoir effectué lui-même des travaux d'aménagement « indispensables » dans la « salle de labo ». Lorsqu'elle refuse aux 200 professeurs la file d'attente prioritaire qu'ils s'étaient octroyée depuis toujours à la cantine, au détriment des 2 200 élèves rationnaires. Lorsqu'elle conteste les factures « mirobolantes » rapportées par des professeurs après avoir emmené leurs élèves adolescents à Disneyland, sur le compte de « sorties culturelles »...

Une ultime grève des enseignants, en mars 1999, est la goutte qui fait déborder le vase. Elle prend la forme d'une occupation du lycée. Des affiches sont placardées, tournées vers l'extérieur, sur les baies vitrées de la salle des professeurs. « Nous ne voulons plus de ce proviseur ! » Libération, Le Parisien, *France 3 en rendent compte. La proviseure est alors en communication constante avec le rectorat, par fax et téléphone. « J'essayais de rétablir un semblant d'ordre, raconte-t-elle. Comme je n'entendais pas le fax, je l'ai déplacé dans mon bureau. » Les enseignants envoient des communiqués au recteur, au ministre, aux parents, à la presse : « Le proviseur prive les personnels de leur outil de travail ! »*

Cette expérience est-elle unique ? « Pour avoir été au bureau national du Syndicat national des personnels de direction de l'Education nationale (SNPDEN, majoritaire dans la profession et de gauche), je sais, dit-elle, que je ne suis pas seule à avoir été confrontée à de tels dysfonctionnements. Ce qui est certainement unique, c'est la violence que j'ai moi-même déclenchée. Elle a augmenté progressivement comme un furoncle, du fait que je considérais ma fonction de représentante de l'Etat et que je ne voulais pas céder. J'ai voulu mettre fin aux passe-droits. Je reconnais que c'est déplaisant. Mais comment avoir un projet de citoyenneté en passant son temps à se fabriquer des privilèges ? Quel exemple donne-t-on aux élèves que nous sommes censés éduquer ? L'erreur que j'ai commise, je la referais sans doute : me battre sur tous les fronts, au lieu d'en tolérer certains. Mais les irrégularités étaient incessantes, et aucune ne me paraissait anodine. Avec le soutien du rectorat, j'aurais pu y arriver. »

L'affaire de l'occupation du lycée oblige le rectorat à intervenir. Le 15 juin, un inspecteur d'académie décide d'organiser sur place une assemblée générale. Il vient avec un représentant du recteur, inspecteur pédagogique régional de vie scolaire. Ordre du jour : une médiation entre le personnel du lycée et Mme Bureau-Garonne. Dans la salle des spectacles, les enseignants présents se tiennent debout, parmi lesquels la vingtaine de meneurs répartis le long des murs de la salle, « en chiens de garde ». Christine Bureau-Garonne fait face à la salle, entourée de l'inspecteur d'académie, de son adjoint et de l'intendante. L'inspecteur d'académie s'assoit. Il a préparé un discours. A peine a-t-il prononcé un mot que les « meneurs » l'interrompent : « On en a assez entendu, ça va comme ça, on n'en veut plus ! » Les « chiens de garde » disent « Hop ! » et tout le monde s'en va, sauf les agents. Fin de la séance. L'inspecteur d'académie se tourne vers la proviseure :

— C'est toujours comme ça ? Ça m'a l'air assez difficile.

— Je suis assez contente que vous le voyiez.

— Ils vont revenir ?

— En ce moment ils sont en assemblée générale.

Lorsque les professeurs reviennent, l'inspecteur d'académie promet d'engager un audit de l'établissement.

— (Un prof :) Pour nous, il est déjà fait : on ne veut plus d'elle !

Deux inspectrices sont aussitôt chargées d'entreprendre, mesure exceptionnelle, un audit complet du lycée. Ces inspectrices sont à l'Education nationale ce que l'IGS est à la police. L'audit est mené de septembre 1999 à janvier 2000, à raison de deux jours par semaine. Elles épluchent tout : les comptes de l'établissement, le fonctionnement du foyer, les cahiers de textes, les emplois du temps des professeurs, etc. Le rapport qu'elles remettent n'est pas piqué des hannetons. Il révèle « des irrégularités administratives et financières » et conclut : «Il est clair que les responsables successifs n'ont pas remis en cause la situation qu'ils ont trouvée, d'une part parce que celle-ci semble assez répandue dans l'académie, d'autre part par crainte de réactions immédiates de l'intersyndicale du lycée. Il n'y a eu que Mme Bureau-Garonne, non prévenue des pratiques locales, pour tenter de restaurer la légalité. (...) Sans doute Mme Bureau-Garonne a-t-elle commis des maladresses. Sans doute n'a-t-elle pas su élaborer la tactique adéquate pour opérer les changements d'ordre administratif et pédagogique qu'elle jugeait nécessaires. Mais il n'est pas contestable qu'elle a su repérer des dysfonctionnements importants, anciens et sédimentés, et que c'est principalement son souci d'y mettre fin rapidement qui a suscité mécontentements et hostilité. »

Au terme de l'audit, les inspectrices s'adressent à la proviseure :
— Vous savez ce qui va se passer ?
— Oui. Rien.
Le rapport, transmis au ministère, est probablement allé dans un tiroir. Un membre de

l'administration a été muté dans un autre établissement. Les professeurs sont restés. « On prend les mêmes et on recommence », conclut Christine Bureau-Garonne. Elle a posé ses exigences au rectorat : « A présent, je veux être mutée à Paris, dans un beau quartier, avec un appartement de fonction qui me convienne, assez grand et pas loin du travail de mon mari. » Accordé. Elle s'est retrouvée proviseure-adjoint dans un quartier parisien bien bourgeois... où ses mésaventures se sont répétées.

Morales de l'histoire, selon Christine Bureau-Garonne :

1) « Si l'on tient à faire carrière dans l'institution, le principe numéro un est : "pas de vagues". Pour une raison simple et malsaine. Un chef d'établissement est directement évalué par l'inspecteur d'académie, dont le pouvoir est délégué par le recteur. Il est donc noté par celui qui lui attribue les moyens de son fonctionnement. Quant aux syndicats, ils sont à ménager du fait qu'ils détiennent les informations sur les mutations et les carrières. Chacun, professeurs et direction, a intérêt à fermer le couvercle sur ce qui dérange. »

2) « Si l'on veut faire bouger les choses en cas de dysfonctionnement majeur dans un établissement scolaire public, il faut le faire en dehors de l'institution. Je me souviens d'un élève de sixième qui ne savait ni lire ni écrire, et était devenu trop vieux pour redoubler. J'ai fait payer par la caisse de solidarité une institutrice en retraite qui l'a remis à niveau pour la cinquième. Pourquoi l'Education nationale n'a-t-elle pas prévu ce cas-là, au lieu de constater les échecs ?

3) Si l'on veut obtenir, comme Christine Bureau-Garonne, « une carrière parfaitement ratée », il faut s'obstiner à vouloir faire bouger les choses à l'intérieur de l'institution. « Je suis la seule agré-gée de Paris, explique-t-elle, à n'avoir pas bénéfi-cié de la promotion hors-classe. Du point de vue académique, j'aurais dû être proviseur à Paris. J'ai un QI dans la moyenne de celui de mes collègues, et je suis gentille. Ce n'est pas un problème car j'y ai gagné ma liberté. Avec ce que j'ai pu voir et comprendre sur le comportement des êtres humains dans le système de l'Education nationale, je suis imbattable. J'ai compris pourquoi le système fonctionne quand même peu ou prou. Pourquoi ? Parce que, dans tous les établissements scolaires, et c'était le cas à Drancy, on trouve des gens extraordinaires, qui ont la foi dans leur métier et dans les élèves. Même si on n'en rencontre qu'un seul, c'est un signe que tout vaut encore la peine. Ce que j'ai appris est précieux. A cet égard, ma carrière est parfaitement réussie. »

OPÉRATION MÊTIS

« Plus je lis les auteurs grecs, plus je me rends compte que rien de semblable au monde n'a existé depuis. Comment une personne éduquée peut-elle rester à l'écart des Grecs ? J'ai toujours été bien plus intéressé par eux que par la science. »

Albert EINSTEIN
(Interview au *New-Yorker*)

« Vous avez le droit d'étudier les langues anciennes. Mais pourquoi le contribuable devrait payer pour ça ? »

Nicolas SARKOZY
(Interview à *20 Minutes*)

CHAPITRE 1

« *Du bon usage*
de la porcelaine... »

Dimanche 11 novembre 2007, 20 h 15, siège de France-Télévisions : les conseillers du Ministre Darcos mâchent des cacahuètes, et regardent leur patron en train d'enregistrer « Duel sur la 3 », la nouvelle émission politique du dimanche soir. Subitement, ils se lèvent, pâles, et appellent une assistante de plateau : « C'est normal, ces striures sur l'écran ? » Je sors un instant du tamponnage frénétique de mon visage déjà trempé : le Ministre ne m'a pas l'air particulièrement « strié ». L'assistante s'approche à deux centimètres de l'écran : « Oui, oui, ne vous inquiétez pas ! » Ils se rassoient, soulagés (Y a pas à dire : la com', c'est un métier !), et semblent soudain s'apercevoir de mon existence : « Vous êtes aussi invité ? Ah, c'est vous le prof qui a lancé l'opération Mêtis ? »

En arrivant au lycée douze ans plus tôt, je ne savais pas qu'enseigner le grec et le latin était devenu un luxe. Le grec et le latin, j'en avais fait « naturellement ». J'écoutais distraitement Perrine Alfonsi, la « collègue » de lettres classiques, répéter en boucle : « C'est de la porcelaine, c'est de la porcelaine ! »

Dix élèves de grec pour l'ensemble du lycée… et neuf heures d'enseignement ! Le grec coûtait cher, très cher au contribuable, quand, dans le même temps, des collègues de maths ou de français se débattaient dans des classes de 35 élèves. L'option était vouée à disparaître : dans quatre des cinq collèges qui dépendaient du lycée, elle avait déjà été rayée de la carte. On allait supprimer l'option, parce qu'il n'y avait plus d'élèves, ce qui constituait après tout une raison valable. Le latin, légèrement mieux portant, se maintiendrait peut-être quelques années de plus.

Ces classes à très petits effectifs ne m'enchantaient guère. On nous regardait comme des « collés » : « C'est quoi ? demandait un élève, curieux de cette salle où cinq malheureux se battaient en duel. — Du latin », répondait l'autre, avec un soupir et un haussement de sourcils. On y retrouvait des élèves qui n'avaient absolument rien à y faire. Ils étaient là, contraints et forcés, parce que leurs parents voulaient qu'ils soient dans une « bonne classe » : Guillaume, après quatre années de latin, s'était étonné : « M'sieur, c'est quoi NVAGDA[1], le truc que j'apprends à côté des déclinaisons ? »

Le latin, c'était ce cours du vendredi soir qui tenait lieu de défouloir, comme autrefois le dessin ou la musique… Le petit Jonathan a 18 partout, sauf en latin où il fait n'importe quoi, mais c'est de son âge, il est tellement brillant ! Vous n'allez tout de même pas l'empêcher d'avoir les Félicitations ? Les parents prenaient rendez-vous : « Qu'est-ce qui se passe en latin ? Je ne comprends pas, vous devriez être content de voir que des élèves s'inscrivent dans votre matière ! »

Je m'empressais de faire déguerpir ce type d'élèves. Perrine hurlait : « Tu es en train de scier la branche sur laquelle nous sommes assis ! » Certains allaient jusqu'à considérer qu'ils nous rendaient service en venant en cours. Adriana s'était un peu renfrognée devant son 4 en grec : « Si vous voulez que je continue le grec, il va falloir me mettre des bonnes notes ! » Dans son groupe de première, elles étaient trois. A deux, on fermait l'option. Les cours étaient un peu pesants :

— Mais enfin, elle est toute simple cette question, qui sont les trois grands tragédiens grecs ?

---

1. Nominatif, vocatif, accusatif…

Silence.

— Mais je viens de vous le dire ! C'est écrit sur votre cours !

Silence.

— Non, ça ne va pas être possible. Arrêtez de me regarder comme ça, sinon je vais vous appeler vache n° 1, vache n° 2, et vache n° 3 ! »

Dès le lendemain, le lycée bruissait de la rumeur : « Tu ne sais pas comment il appelle ses élèves ? » J'étais assez loin de me douter que, quelques années plus tard, l'une des trois passerait avec brio les épreuves du Capes de lettres classiques, en s'offrant la coquetterie d'oublier son Gaffiot[1] à l'épreuve de version latine !

A la fin de ma première année, le Proviseur vint me trouver : aucun élève ne s'était inscrit en grec, la section allait fermer. On était au début des vacances, et j'étais passé vider mon casier. Des élèves étaient là, avec leurs parents :

— Tu t'inscris en seconde ?

— Euh, oui.

— Ça te dirait de faire du grec ?

Regard très inquiet du père.

— Euh, je sais pas...

Intervention du père :

— Il a déjà choisi ses options. Vous êtes qui ?

---

1. Dictionnaire latin-français.

— Le professeur de grec !

— Ah !

J'ai réussi à en inscrire trois, ce qui était suffisant pour éviter provisoirement la fermeture de
l'option. Très vite, le Proviseur est intervenu :

— Qu'est-ce que vous faites là ?

— Je… je papotais avec des parents…

— Sortez immédiatement de cette salle !

— Bien, Monsieur le Proviseur…

Marchand de gri-gri...

La volonté de défendre le grec et le latin fut une sorte de réflexe : ces matières m'avaient donné un métier, elles avaient été sources des rares satisfactions de ma scolarité, elles représentaient une sorte de paysage familier, que je ne voulais pas voir disparaître, surtout en débarquant sur une terre aussi inhospitalière.

Trois élèves inscrits en une heure, la statistique était encourageante, et la méthode méritait d'être approfondie. L'année suivante, je demandai au Chef d'établissement l'autorisation en bonne et due forme de me présenter aux journées d'inscription. Elles avaient lieu au début du mois de juillet : les parents arrivent avec leur progéniture, quatre ou cinq surveillants les accueillent, chacun à une table, l'ensemble des opérations est chapeauté par un CPE. Collèges des campagnes, collèges des cités, à chaque demi-journée d'inscription son collège.

Les familles des collèges ruraux étaient aisément reconnaissables : les parents arrivaient furieux, traînant derrière eux un enfant en larmes : « De toute façon, il ne voulait absolument pas venir ici ! » Ils devaient simplement remplir une fiche : dire si leur gamin était demi-pensionnaire ou externe, et indiquer l'option qu'il allait choisir pour l'année de seconde. C'est à ce moment-là que j'intervenais, debout, derrière le surveillant en train de remplir le dossier, attendant la question fatidique :

— Vous avez choisi quoi comme options ?

La mère se tourne vers son fils :

— Alors qu'est-ce tu prends ?

L'enfant, un peu agressif :

— J'en sais rien, moi !

— Bonjour, je suis professeur au lycée, et je vous propose de faire du grec…

La mère lève un œil irrité :

— Qu'est-ce que c'est que ça encore ?

Il fallait jauger très vite le rapport entre l'enfant et le parent, savoir auquel s'adresser, le ton à employer. En général, les parents oscillaient entre un certain contentement de voir la tête d'un professeur du lycée dont ils avaient entendu dire pis que pendre, et une certaine inquiétude de voir un type « recruter sur le tas », pour une matière totalement inconnue.

Il y avait ceux qui ne se donnaient pas la peine de répondre. « Vous seriez éventuellement intéressé par le fait de faire du grec ? » Le père et le fils, boudinés dans leur survêtement, me dévisagent en riant, comme des touristes fraîchement débarqués dans une capitale étrangère regarderaient un marchand de gri-gri insolite. Ils continuent, imperturbables : « On va prendre anglais, espagnol et italien ! »

J'étais parfois le témoin malencontreux de difficultés de communication entre la mère et l'enfant :

— Ça t'intéresse le grec ?

— Tsst, répond l'enfant, en haussant les épaules.

— Non, ça l'intéresse pas...

Le discours se roda assez vite : « Bonjour, mon intervention va probablement vous surprendre : je suis professeur de grec, et je vous propose de choisir cette matière en option facultative. Vous n'avez probablement jamais entendu parler du grec, c'est une matière dont on pense qu'elle peut vous être très utile durant votre scolarité au lycée. Ce n'est pas un piège : je vous demande d'avoir simplement la curiosité d'aller voir. Si, au bout d'un trimestre, tu t'aperçois que ça n'a aucun intérêt, c'est très simple, j'en prends l'engagement devant toi, tu arrêteras ; la seule chose que je te demande c'est d'essayer ! »

Cet argument du trimestre d'essai s'était vite imposé, tant l'image de ces matières était épouvantable auprès des familles. Souvent il était plus difficile de convaincre le père que l'élève. C'était une génération qu'on avait contrainte à faire du latin et qui s'était bien vengée :

— Oh, il a déjà fait du latin, et ça lui plaisait pas du tout ! Hein, ça te plaisait pas le latin ?

— Non, faisait le fiston de la tête.

— Ah, oui, mais là ça n'est pas du tout pareil ! Le grec, c'est autre chose, un autre alphabet, la place de la mythologie y est beaucoup plus importante…

— Ah, ça, la mythologie, il aimait bien ! Hein, t'aimais bien la mythologie ?

Le gamin fait oui avec la tête.

— Non, croyez-moi, j'ai dans mes classes de grec beaucoup d'anciens latinistes qui ne voulaient plus entendre parler du latin à l'issue de leurs trois années de collège : ils se sont révélés conquis par le grec ! J'irais même jusqu'à dire que trois années de latin vous font encore mieux apprécier les délices du grec !

La mère marque un temps puis se tourne vers l'enfant :

— Alors, tu veux essayer ?

— Ben ouais…

— Mais fais pas cette tête, c'est pas comme au collège, tu n'es pas obligé d'en faire pendant trois ans. Au bout d'un trimestre si tu viens me dire : M'sieur, votre grec ça sert à rien, et je m'ennuie à mourir dans vos cours, tu partiras, tu as ma parole !

En même temps une voix me disait : « OK, n'en fais pas trop non plus, il est d'accord pour en faire, alors lâche-le et tire-toi vite ! »

Les gros scores venaient des collèges de cités : là, peu de parents avec de mauvais souvenirs du latin, et peu de parents tout court. L'élève trouvait très saugrenu de voir un prof à la recherche d'élèves, finissait par en rire, et tenter l'expérience, c'était d'ailleurs tout ce que je lui demandais. A la fin de la journée, je faisais les comptes : 45 inscrits pour la première année, 105 pour la deuxième !

C'est rapidement devenu un jeu, une sorte de course à l'helléniste. Il me fallait mon quota à chaque demi-journée. J'allais de table en table, à toute vitesse, de peur de rater un élève, sous l'œil affolé des parents. L'objectif avait changé de nature : il ne s'agissait plus seulement de maintenir la section, mais de construire un nouveau public pour la matière, des élèves qui n'avaient jamais entendu parler du grec de leur vie.

Ces « méthodes de marchands de tapis » ont vite fait jaser ! Pourtant, si un Recteur rayait d'un trait de plume l'option grec dans un lycée perdu de banlieue, histoire d'économiser quelques heures, il ne se passerait rien ! Pas une AG ! Pas une pétition ! Tout juste un Proviseur ou un collègue pour vous dire d'un air fataliste : « Qu'est-ce que vous voulez, c'est dans la logique des choses, on ne peut pas aller contre le sens de l'histoire ! » Il valait donc mieux annoncer un effectif visible de très loin et qui ne descendait jamais en dessous de cinquante élèves.

Cette stratégie « mercantile et consumériste » allait faire école. L'année suivante, les profs d'allemand et d'italien pointèrent leur nez aux inscriptions, puis vint le tour du sport, de l'histoire des arts, de l'alpinisme… Aujourd'hui les rares élèves qui viennent encore s'inscrire au lycée se font aussitôt alpaguer par quatre profs qui se jettent sur eux en vantant les mérites de leurs disciplines respectives et finissent souvent par s'étriper sous l'œil circonspect des parents.

CHAPITRE 3

« Prof de fac »

Le jour où je me suis retrouvé devant une classe de grec de quatre-vingts élèves, j'ai commencé à considérer mon métier d'enseignant d'une façon un peu différente. Nous avions réquisitionné la plus grande salle du lycée : « Non mais, t'as vu ça ? Y s'prend pour un prof de fac ! » J'avais commencé par faire cours dans un cagibi de dix mètres carrés, à côté du CDI, nous étions à présent dans la grande salle dédiée aux « projections et aux conférences ». Le puni, ce n'était plus celui qui rentrait dans la salle, c'était le copain qui restait à la porte :

— M'sieur, je peux faire du grec ?

— Je vais réfléchir…

Je commençai par laisser de côté un programme qui était censé les rendre spécialistes de Démosthène en quelques mois, pour me concentrer sur un seul objectif : qu'ils apprennent quelque chose de nouveau à chaque cours, qu'ils prennent le plus rapidement possible goût à la matière. A la fin du premier trimestre, ils pouvaient vraiment tous partir, et me laisser seul dans ma grande salle.

Dès les premières séances, il se passait quelque chose de bizarre : on avait l'impression qu'ils prenaient plaisir à lire le grec, à déchiffrer l'alphabet, à deviner les étymologies. Les trois quarts d'entre eux n'avaient jamais fait de grec, leurs parents non plus, et ça fonctionnait très bien. Il y avait une joie chez ces élèves à s'apercevoir qu'ils étaient capables de maîtriser une langue qui leur avait d'abord paru complètement inaccessible. Tout le monde partait sur un pied d'égalité, les sons n'étaient pas les mêmes, les onomatopées d'Aristophane les amusaient, alors qu'elles les auraient consternés dans un texte français. Il y a un *upsilon* donc il y a un *y* en français, il y a un esprit rude donc le mot français commencera par un *h*. A partir de la racine *cheir*, on forme les hékatonchires, créatures monstrueuses aux cent bras, bloquées dans le ventre de Gaia, la chiromancienne, diseuse de bonne aventure, et le chirurgien. A partir de *hekaton* qui veut dire cent, on forme une hécatombe, étymologiquement le sacrifice religieux de cent bœufs, aujourd'hui un désastre.

Ce travail sur l'étymologie donnait une cohérence à la langue française, elle participait à l'appropriation d'une langue qui, pour beaucoup, n'était pas une langue maternelle, elle expliquait l'orthographe, avec laquelle on bataillait depuis les années de collège, le sens de mots qu'on aurait volontiers qualifiés de barbares : une religion anthropomorphique, des maladies psychosomatiques, une statue chryséléphantine ; certains étaient séduits de voir que tout le vocabulaire médical découlait du grec.

On enchaînait sur la mythologie : la castration d'Ouranos, la naissance de l'univers, la filiation de Chaos, les Erinyes, la naissance d'Aphrodite ; il suffisait de ne pas dénaturer ce que Jean-Pierre Vernant avait si bien raconté. Je voyais les élèves un peu surpris d'entendre ces légendes dont certaines leur semblaient absolument monstrueuses : « Ils sont "gore" les Grecs ! », « Mais ils y croyaient vraiment, M'sieur ? » Je leur avais parlé d'une croyance de Démocrite qui voulait que les jeunes filles qui avaient leurs règles fertilisent la terre avec leur sang. Etienne était arrivé affolé en cours de latin : « M'sieur, qu'est-ce que vous leur avez fait à vos élèves de grec ? Ils sont complètement traumatisés, comme quoi vous leur avez dit que les filles elles couraient toutes nues dans les champs ? » Ce monde était à la fois proche et lointain : la liste des rois de Perse, le *nu* euphonique, le *iota* souscrit, mais aussi des noms qui, sous la forme de marques commerciales, de péplums hollywoodiens, faisaient partie de leur quotidien.

Dans une classe de plus de cinquante élèves, vous avez forcément un bruit de fond. Il faut surtout l'accepter et parler très fort, pendant toute l'heure, mais le message passe : ils en retiennent quelque chose. Ils avaient 20 quand ils connaissaient par cœur l'alphabet, 20 quand ils savaient lire, et quelques petites interros. Si je m'en étais tenu là, je ne perdais quasiment aucun élève : apprendre des étymologies, lire et écrire le grec, écouter l'*Iliade*, autant d'activités qui suscitaient la quasi-unanimité. C'était la transition qui était difficile à négocier : faire comprendre que cette tranquille initiation au grec allait se transformer en école de rigueur, en « gymnastique de l'esprit », ce qui n'était pas la moindre des vertus de cette matière.

J'attendais parfois la fin du premier trimestre pour commencer à ferrailler sur l'emploi des cas : je ne voulais pas que le premier que j'allais un peu secouer sur les fonctions du nom me dise : « Puisque c'est comme ça, j'arrête le grec ! » Plus encore que l'orthographe, leur connaissance de la grammaire était épouvantable : « C'est le seul cours où vous pouvez encore rattraper vos lacunes en grammaire française, après, c'est terminé, vous ne pourrez plus. Bien sûr, vous aurez quand même votre bac. Le bac, on le donne, je peux vous le dire : quand on corrige le bac on est tenu d'avoir une certaine moyenne, du moins c'est l'expérience du bac français, mais vous vous ferez dégager après ! Dégager en première année de fac, dégager en classe prépa, dégager dans vos lettres de motivation, c'est là que se fera le tri ! Si vous franchissez les portes de ce lycée avec des lacunes en français, vous ne pourrez plus combattre à armes égales ! »

— « Nous entendons la voix des dieux. » Où est le sujet, Leïla ? Non, c'est Leïla, et seulement Leïla que j'interroge !

— C'est la voix !

— Quelle question tu poses pour savoir ce qu'est un sujet ?

— C'est bon, j'sais pas !

— C'est bon m'sieur, elle sait pas, vous allez pas passer toute l'heure là-dessus !

— On n'est pas en primaire !

— Ça va lui servir à quoi de savoir ce qu'est un sujet ?

— Putain, ça soûle !

Il n'était plus question de comprendre un nouvel alphabet, de jouer avec l'étymologie des mots : il fallait compléter des bases de grammaire non acquises depuis la sixième. Il y avait toute une partie de la classe pour laquelle ces bases étaient maîtrisées, et qui commençaient à trouver le cours de grec très ennuyeux. Des mots employés mécaniquement dont on ignorait totalement le sens :

— Mais, c'est quoi un COD ?

L'élève, lassée :

— Un complément d'objet direct…

— D'accord, et un complément ça fait quoi ? Il y a quel verbe dans complément ?

Le cours devenait beaucoup plus laborieux. Mais une fois que c'était compris, ils pouvaient aller au bout : ils comprendraient les traductions de Platon et d'Homère en terminale.

L'idée du « trimestre de détermination », pourtant conforme à la jurisprudence en vigueur, n'avait pas été du goût de la direction du lycée. Il fut décidé que ce serait le conseil de classe qui déciderait de l'arrêt ou de la poursuite du grec. C'étaient des palabres interminables. Les collègues étaient excédés : « On a passé tout le conseil à parler du grec ! » La Proviseure-adjoint avait établi des critères spécifiques : l'état du bulletin scolaire décidait de la poursuite ou de l'arrêt de l'option. En d'autres termes, le très bon élève qui voulait arrêter le grec était contraint de continuer, tandis que le faiblard qui voulait poursuivre était incité à arrêter pour se consacrer aux « matières essentielles ».

Cette façon de procéder était désastreuse : les élèves avaient le sentiment qu'on les avait piégés :

« Ne crois pas à ce qu'on va te dire ; ils ne te laisseront jamais arrêter ! » Elle confortait surtout une vision élitiste du grec, qui avait largement concouru à la disparition de cette matière. Certes, chaque année, des élèves voulaient arrêter tout simplement pour terminer la journée du vendredi un peu plus tôt. Ils arrêtaient le grec, parce que c'était la seule matière qu'ils pouvaient soustraire de leur emploi du temps. Mais l'essentiel était de pouvoir dire : « Il y a dans cette salle cinquante élèves qui font du grec, chacun d'eux a la possibilité d'en partir, et pourtant ils restent ! »

Au début de la classe de seconde, Inès M'Passi trouvait les cours de Monsieur d'Humières « rigolos ». Il commençait par le plus savoureux du cours de grec, la mythologie et la présence des mots grecs dans la langue française. « C'était léger, tout le monde participait, raconte-t-elle, c'était très actif. » Mais une fois passé le premier trimestre, il a fallu s'attaquer aux déclinaisons, à la syntaxe, aux usages de l'aoriste et de l'augment. Et Augustin n'a plus fait rire Inès. « En janvier, du jour au lendemain, il est devenu sérieux, s'indigne-t-elle, le regard quasi furibond. Il nous a fait comprendre que ce n'était plus comme l'an dernier. Ça ne nous a pas plu ; forcément, on était surpris. A vrai dire, on était choqués. Pourquoi changer d'attitude ? Il avait peut-être peur des résultats ? J'étais dégoûtée. Il nous avait trompés. » Inès est allée dire ses quatre vérités à « M'sieur d'Humières », comme elle sait bien le faire : *« Je ne vois pas à quoi ça sert, vos histoires d'augment et d'aoriste. Ça me prend la tête. Malgré le grec, j'ai des mauvaises notes en français, je suis grave perdue. Vous m'aviez dit que le grec était efficace, mais là je vous le demande : ça me sert à quoi ? »*

Elle le reconnaît en souriant : le grec et le latin, elle leur doit beaucoup. Elle se sent plus confiante, les mots lui font moins peur. *« "Paradoxal", "éclectique", "enclavé", "légiférer", j'en appris plein que je ne connaissais pas. »* Au fil de l'année, Inès s'est mise à épater ses copines... et à les énerver. *« Tu nous soûles avec tes trucs d'intello ! »* lui répliquaient-elles en l'entendant se gorger de mots savants. Inès s'en fiche. *« Quand j'utilise ces mots-là, je vois bien que j'ai un truc en plus. Même moi, je m'étonne. Je me sens intelligente. Le latin et le grec ont enrichi mon vocabulaire. Pour la culture générale, pour le français, c'est vraiment bien. Dans les lettres de motivation que j'ai dû rédiger, je constatais que les mots et les phrases me venaient facilement. Plus tard, si je passe des entretiens d'embauche et qu'on me demande si je suis "polyglotte", je ne vais pas avoir l'air ahuri. Et quand je suis un peu perdue avec un nouveau mot, je peux réussir à en deviner le sens. »*

Pour cette raison, avec bonne foi et à contre-cœur, Inès M'Passi a bien voulu accompagner Augustin d'Humières dans les classes de troisième, pour tenter de convaincre les plus jeunes de s'inscrire en grec : « Le grec était là, en moi, et il me faisait du bien. J'avais vraiment envie de leur transmettre cette envie, et que le grec leur serve comme il m'avait servi. »

Inès M'Passi est née à Meaux. Sa mère, aide-soignante, et son beau-père, agent de fabrication dans l'agroalimentaire, venus du Zaïre et du Congo, s'étaient installés en France dans les années soixante. Les parents sont de fervents chrétiens évangélistes mais Inès le confesse : pour elle, « tout cela n'a pas grande importance ». Elle a six frères et sœur dont l'aîné s'appelle Jarrod. Jarrod ? « Ben oui, Jarrod, à cause du Caméléon ». On ouvre des yeux perplexes. « Quoi, vous connaissez pas ? La série sur la 6 ! »

Depuis qu'elle a 16 ans, Inès habite dans un foyer. Elle y a été envoyée à la suite d'une « petite altercation » avec ses parents, comme elle dit pudiquement. Inès arrive en retard, sèche régulièrement les cours. « Surtout ceux de M'sieur d'Humières. Il me soûle. » Or le contrat de « jeune majeure » qui la lie au foyer, si tout se passe bien jusqu'à ses 21 ans, exige qu'elle se rende en classe. Elle risque l'expulsion, elle le sait. Ce qui signifie : trouver un travail et financer soi-même un appartement. Elle promet qu'elle va se remettre à l'ouvrage. « Déjà, je sèche moins. L'an dernier, j'avais 67 absences. Cette année, je n'en ai eu que 8 au premier trimestre, 20 au deuxième. » Inès voulait être avocate, mais elle a renoncé. L'an prochain, dit-elle, elle passera un bac « pro » commerce, pour s'orienter ensuite vers un BTS de commerce international. « Si j'y arrive, là, c'est sûr, je travaillerai grave. Maintenant il faut que je m'y mette, mais je n'ai pas la pêche, je me suis relâchée. Je ne comprends rien, j'oublie mes affaires et les rendez-vous importants, je ne vais pas trop aux cours. »

Il y a pourtant une chose sur laquelle Inès M'Passi se montre assidue : les cours de soutien qu'elle prodigue à des élèves de l'école élémentaire, dans le cadre de l'association Mêtis, pour quatre heures par semaine et 240 euros par mois. « Ça, je ne sèche pas. » Elle leur fait réviser l'orthographe, la grammaire, les maths. Et leur reproche, non sans humour, ce qu'elle reconnaît être incapable d'appliquer pour elle-même : l'assiduité et la concentration. Dans le groupe de cinq élèves dont elle est responsable, deux ne viennent jamais. Et un petit Mamadou de 8 ans lui donne particulièrement du fil à retordre. « Il est très intelligent, il sait plein de trucs, mais il est déconcentré grave. J'imagine qu'il a des problèmes du même genre que moi. » Inès les met en confiance et « met les barres » s'ils se mettent à faire n'importe quoi, à faire du bruit ou à parler mal. Elle leur dit : « C'est tellement agréable, de comprendre ! Pourquoi est-ce que vous n'essayez pas ? » Et elle pense : « Je leur parle comme M'sieur d'Humières quand il me dit : "Ça ne va pas, tu n'es pas concentrée." C'est grave dur, ça m'énerve. Je regrette d'être comme je suis, carrément. Je loupe plein de trucs. Les petits, il faut qu'ils bossent, même si je ne sais pas l'appliquer à moi-même. Je me sentirais grave bien s'ils ne faisaient pas comme moi. Je voudrais que plus tard, ils puissent se dire : "J'ai fait quelque chose de ma vie." Et moi aussi. »

Elle a récemment fait ses premiers pas dans la troupe de théâtre de Mêtis, pour jouer Cyrano de

Bergerac. *Elle y incarnait un personnage dans la première scène, « je ne sais plus comment il s'appelle, un type, très "waouh", fort en belles paroles ». C'était le poète Lignière. Et Inès explosait sur scène de son insolence naturelle, forte en gueule, en belles paroles et en présence inouïe.*

CHAPITRE 4

Le « d'Humières Tour »

Une Inspectrice était venue dans ma classe, et avait complimenté le Proviseur pour son « engagement en faveur des langues anciennes ». Quelques semaines plus tard, Perrine avait surgi :

— Augustin, l'Inspectrice nous demande de rédiger un petit article pour le journal académique, sur le travail que nous faisons pour les langues anciennes, le Proviseur, toi et moi. Qu'est-ce que tu en penses ?

— Je ne suis pas sûr d'avoir bien compris. C'est quoi au juste le travail que « nous » faisons ?

Elle est repartie assez vite dans le bureau du Proviseur. Deux jours plus tard, j'avais un mot dans mon casier de la main du Chef d'établissement : « Le projet d'article est ajourné. »

A partir de là, ma liberté d'action fut restreinte : l'entrée de la salle des inscriptions me fut interdite.

Je ne pourrai plus leur proposer de faire du grec à leur inscription début juillet. On irait donc chez eux. Cinq collèges « approvisionnaient » le lycée ; il me faudrait visiter toutes les classes de troisième de chaque collège, au total une quarantaine de classes. Répéter quarante fois le même discours…

Aux alentours du mois d'avril, je débarquais dans les collèges, me préparant à un cérémonial qui dure depuis sept années aujourd'hui, et qu'une élève avait plaisamment baptisé le « d'Humières Tour ». Je commençais par arriver en retard, je m'étais perdu sur les routes : « Putain, je vais jamais pouvoir respecter le planning ! Mais il est où ce collège, bordel de merde ! Pardon, madame, le collège Tronchon s'il vous plaît ? »

Le Principal me donne l'ordre des visites, et je me débrouille tout seul, à la recherche des salles. J'arrive devant la porte du cours : « Rousseaueaueau a laisséééé ses quatre enfants à l'assistance publique, on n'y reviendraaaa paaas ! » A l'oreille, on pouvait juger de la classe qu'on allait entrevoir : agitée, apathique, ou concentrée. Serrement de main au collègue, soulagé de me passer le relais : « Je vous les laisse… », et il part s'asseoir au fond de la salle.

— Bien, je vais commencer par me présenter, je m'appelle Augustin d'Humières (*rires*), je suis professeur dans le lycée où vous risquez d'aller l'année prochaine (*murmures*), et je suis venu ici pour vous présenter les options grec et latin !

— *(Murmures :)* C'est un crevard, il a pas d'élèves !

— Alors le grec, c'est quoi pour vous ?

— Un sandwich !

— Non, sérieusement, vous avez déjà entendu parler du grec ou du latin ?

— C'est des langues mortes !

— Ça sert à rien !

— C'est pour les tebè ! *(les bêtes)*

— Parfait, je vais rester vingt minutes dans votre classe, et en vingt minutes je vais essayer de vous montrer que ce que vous appelez des langues mortes, inutiles et réservées à de supposés bons élèves, sont en fait l'option la plus utile qui soit, et qu'elles s'adressent en priorité à ceux qui justement arrivent au lycée avec des lacunes.

S'ensuit un argumentaire où l'on passe tout en revue : en quoi ça aide pour le français ? Pour les sciences ? Pour les langues vivantes ? Pour la médecine ? Pour la culture générale ? Pour les points au bac ? La démonstration avait ses passages obligés : le moment où l'on écrit du grec au tableau. *Murmure dans la classe* : « C'est quoi ce truc barbare ? » Il fallait les calmer, leur dire qu'en vingt minutes ils allaient savoir à peu près lire le grec.

— Vous êtes prof de français, vous devez préparer des élèves au bac, et vous savez que si vous n'améliorez pas leur expression écrite, ce sera pour eux un handicap lourd. Comment vous vous y prenez pour corriger des difficultés que des élèves traînent depuis cinq années d'école élémentaire, et quatre années de collège ? Par exemple, je vais vous écrire un mot : « psikopate ». Vous savez ce que c'est ?

— C'est un pervers !

— Bon, si on veut. Combien de fautes ?

— 2 !

— 3 !

— 4 !

— Ça soûle !

On arrive à leur faire dire qu'il y a trois fautes.

— Comment vous faites pour expliquer à un élève qu'il y a deux *h* qui ne se prononcent même pas, et un *y* à la place d'un *i*, ce qui ne change d'ailleurs rien à la prononciation ?

— Ben, on lui fait copier le mot 50 fois !

— Oui, c'est ce que je fais avec les élèves qui n'ont jamais fait de grec ni de latin, ça ne marche pas toujours…

— On lui explique pourquoi il fait des fautes !

— Et pour ça, très souvent vous êtes obligé de passer par le grec. Psycho vient du grec *psuchè* qui veut dire l'âme ; à chaque fois que vous avez

un *upsilon* en grec, vous avez un *y* en français.
Donnez-moi un mot français avec un *y* ?

— Yaourt !

— Non, avec yaourt ça marche pas, c'est you-goslave. Donnez-moi un autre mot.

— Politique ?

— Y a pas de *y* !

— Bon je vais vous en donner un : un défenseur qui peut jouer plusieurs postes au foot, on dit qu'il est ?

— Polyvalent !

— Eh bien, polyvalent est formé sur la racine grecque *polu* qui signifie plusieurs ; à partir de là vous formez…

— Polygone !

— Polythéiste !

— Polygame !

— Polyester !

— Non, je crois pas que ça vienne de là *(en fait si)*, mais polymorphe, oui !

— Ça veut dire quoi ?

— Vous allez le trouver par vous-mêmes ! Avec le grec, pas besoin de dictionnaire ! *Polu* en grec on a vu que ça voulait dire plusieurs, et *morphè* ?

— Morphale !

— Réfléchis ! Dans quoi est-ce que vous avez *morphè* ?

— Morphologie !

— Et la morphologie, c'est l'étude des ?

— Formes !

— Donc un polymorphe…

— C'est celui qui a plusieurs formes !

— Revenons au psychopathe : donc il y a *ch* parce qu'en grec, il y a un *khi*, et puis il y a *th* parce que c'est une autre lettre aspirée de l'alphabet grec, le *thêta*. *Pathos* en grec ça veut dire la souffrance, et là encore vous avez plein de mots français formés sur cette racine. Synonyme de maladie ?

— Pathologie !

— Un spectacle qui suscite la pitié, par exemple un prof de grec en train de se débattre tout seul dans une salle, c'est ?

— Pathétique !

— Et vous avez des tas d'autres mots : sympathique, antipathique, myopathie. Avec le grec, non seulement vous corrigez vos fautes, mais en plus vous enrichissez votre vocabulaire, avec une seule racine grecque, vous donnez du sens à dix mots français. Mais ça n'est pas tout, le grec et le latin peuvent aussi vous aider dans les langues vivantes ; la plupart des langues vivantes parlées aujourd'hui en Europe dérivent du grec et du latin ; si vous prenez la racine *scribere*, écrire en latin (c'était Julien qui m'avait soufflé l'exemple, le seul que je connaissais), vous comprenez la traduction du verbe écrire dans cinq langues vivantes : *escrire* puis *écrire* en français, *escribir* en espagnol, *scrivere* en italien, *schreiben* en allemand, *script* et *write* en anglais. Au lieu d'entasser les mots dans différentes langues sans le moindre lien entre eux, la connaissance des langues anciennes permet de trouver un dénominateur commun. Ça ne signifie pas que vous parlerez nécessairement bien telle ou telle langue vivante, mais c'est sûrement une aide pour les mémoriser. Ça vous aide aussi en médecine : 80 % des nouveaux médicaments sont nommés à partir d'une racine grecque ! Prenez un hématome. Pour celui qui n'y connaît rien, un hématome, c'est un bleu ; le mot est formé sur la racine grecque *aima* ; comme il y a un esprit rude au début du mot en grec, le mot français commencera par un *h. Aima* signifie le sang, donc un hématome, c'est ?

— Le sang qui ne circule plus !

— Une poche de sang !

— Exactement. *(En fait je n'en savais trop rien, il valait mieux ne pas épiloguer.)* A partir de *aima*, vous formez ?

— Hémoglobine !

— Hémorragie !

— Hémophile !

— C'est quoi l'hémophile ?

— *Philein* veut dire aimer en grec. Pensez à tous les mots qui se terminent par « phile » en français.

— Ouais, pédophile !

— Ah, zoophile !

— Donc l'hémophile ce n'est pas un vampire, mais quelqu'un qui a besoin d'être transfusé souvent. Autre exemple, vous êtes en contrôle de biologie, et vous devez donner la définition des leucocytes. Là comme ça les leucocytes, vous ne savez pas ce que c'est ? *(Silence.)* Bon, si je vous dis que *leukos* ça veut dire blanc, les leucocytes, c'est ?

— Les globules blancs !

— Vous connaissez Zidane ? *(Regards consternés.)* Il a « fondé » une association qui s'appelle ELA. Cette association lutte contre la « leucodystrophie » ! Vous ne savez pas du tout ce que ça veut dire ? *(Silence.)* Moi non plus ! Mais, avec l'étymologie grecque, on comprend déjà plus : *leukos* ça se rapporte aux globules blancs, *dus* signifie mauvais, il y a un *upsilon* en grec donc vous aurez un *y* en français, vous le retrouvez dans dyslexie, et *trophein* signifie nourrir ; la leucodystrophie, c'est ?

— Une mauvaise alimentation du sang en globules blancs !

— Donc le grec peut vous aider partout : en français, en langues vivantes, en sciences, en histoire, en philo. Loin d'être des langues mortes, ce sont des matières dont on se sert tous les jours, même dans le commerce ! Quand les hommes d'affaires de la planète se réunissent à Atlanta pour donner un nom à la plus grande firme sportive du monde, c'est vers le grec qu'ils se tournent ; en grec *nikè* signifie la victoire…

— Ha, ha, nique ta mère !

— Et ça va donner quelle firme ?

— Nike ?

— Tout à fait. *(Silence respectueux dans la salle.)* Voilà, j'ai essayé de vous montrer que la matière peut vous apporter des tas de choses, je ne suis pas du tout en train de prétendre que sans le grec vous ne réussirez pas. Mais, avec, ça peut être plus simple. Sachez qu'en venant ici je vous demande simplement d'avoir la curiosité de venir voir ce que c'est. C'est sans risque : si, à la fin du premier trimestre, la matière vous apparaît d'une spectaculaire inutilité, on ne vous retiendra pas. Vous avez des questions ? Qui va aller en seconde générale l'année prochaine ? *(Vingt mains se lèvent.)*

— Qui va aller dans le lycée de secteur ? *(Quatre doigts se lèvent timidement.)*

— Et toi, tu vas où ?

— Sainte-Marie !

— Et toi ?

— A Roisin !

— T'as pris quoi comme option ? Golf ? Portugais ?

— Golf !

— Bon, écoutez je ne vais pas vous dire que vous voulez échapper à un excellent lycée ! Contourner la carte scolaire, pourquoi pas ? Mais autant que ce soit pour un vrai bon lycée ! Là, vous avez le choix entre un lycée borgne et un lycée aveugle ! Et la mythologie grecque nous apprend que les aveugles y voient souvent plus clair. L'un des intérêts de mon lycée, c'est qu'il mêle des élèves différents, de différentes origines, de différents niveaux, de différents lieux, et c'est une force, par rapport à des lycées où la population est très monolithique, où les élèves sont formatés. Dans votre vie professionnelle, vous risquez de devoir souvent composer avec la différence. C'est une bonne chose de s'y confronter dès le lycée, à condition que cette diversité ait un cadre, bien entendu ! »

Il y avait différents types de classe, certaines assez vivantes, qui tout à coup s'intéressaient à ce que je racontais. A la fin, j'étais plutôt content, mais ils allaient tous en CFA[1]. Là-bas, il n'y avait pas de grec ! Et puis, les terribles, les classes de

---

1. Centre de formation par apprentissage.

dormeurs, celles où personne ne répondait : « Vous avez déjà entendu parler du grec ? Combien de fautes à ce mot ? » Rien… J'étais seul, en boucle, sous le sourire goguenard du collègue au fond de la salle, tranquillement assis : « Alors, tu la ramènes moins là ! » En général, il me saluait d'un jovial : « Bon courage pour les autres classes, j'espère que ça marchera mieux ! Ils sont très timides ! »

Je ressortais de ces classes exaspéré contre ces adolescents à l'œil vitreux, aux coiffures de demeurés gominés, avec des rockers androgynes graffités sur leurs trousses, ce pays était en pleine décadence ! « Ah, Indochine et Cure, c'était autre chose ! » Tout en fulminant dans le couloir, je tombais nez à nez avec le Principal du collège :

— Alors, ça se passe bien ces visites, Monsieur d'Humières ? Vous avez du succès ?

— Beaucoup, Monsieur le Principal, beaucoup…

Chaque année, au mois de juin, Carole Julien voit surgir une drôle de délégation dans sa classe de troisième : ce sont Augustin d'Humières et sa petite troupe d'anciens élèves, qui s'escriment à faire valoir les mérites de l'option grec en seconde. Enseignante de français-latin-grec, cette militante invétérée des lettres classiques n'hésite pas à organiser des courses de chars romains avec des poussettes ou des caddies de supermarchés, ni à lancer ses élèves dans la confection de fresques et de mosaïques. Un seul principe : « Pour donner le goût du latin et du grec, tout est bon. » Chaque année, dans les classes de sixième et de cinquième, elle-même doit user des arguments les plus divers pour les inciter à s'inscrire en latin l'année suivante.

Ses parents, un ouvrier spécialisé et une institutrice devenue professeur de lettres, avaient passé ce « deal » avec leurs enfants : « Bossez à l'école, vous n'aurez pas de problèmes. » Elle a rempli le contrat. Une khâgne au Raincy, le Capes de lettres classiques. Ses premières armes d'enseignante dans un collège de Vitry-le-François (Marne), une ville ouvrière au fort taux de chômage et composée largement d'immigrés. Et maintenant le collège La Plaine des Glacis, à La Ferté-sous-Jouarre (Seine-et-Marne), sociologiquement très différent : une population de la classe moyenne, majoritairement blanche. Les parents sont commerçants, employés, commerciaux et cumulent souvent deux salaires même si l'on compte un grand nombre de familles monoparentales. Bref, un établissement plutôt « facile ». « Même là, déplore Carole Julien, les élèves sont de moins en moins intéressés par les résultats. »

A ses débuts, Carole Julien aimait avoir un emploi du temps sur quatre jours. Maintenant, elle ne peut plus. Et demande autant que possible à ne pas enseigner plus de cinq heures de cours par jour. Pourquoi ? Le travail du professeur est de plus en plus fatigant. Une épreuve physique. Elle le constate sans aigreur : « Pour les enfants d'aujourd'hui, tenir en place et rester concentré relève de l'impossible. Ils vivent dans le bruit. Le silence les inquiète, l'autonomie leur est inconnue. Dès qu'on en aide un, c'est le bazar autour. Six ou sept fois par heure, il faut faire des rappels à l'ordre pour demander le silence. Les cours de lettres ressemblent de plus en plus à des heures de garderie. »

Les enfants d'aujourd'hui, dit-elle encore, « ont vu beaucoup de choses, entendu parler de beaucoup de choses, mais rien ne s'inscrit précisément dans leur mémoire. Quand on lit des copies de troisièmes, on doit de plus en plus lire à haute voix et décrypter pour comprendre, car les phrases sont sans ponctuation, sans verbes, avec des "que" partout. La syntaxe n'est pas maîtrisée. La majorité des élèves d'aujourd'hui ne lisent plus et les parents ont leur part de responsabilité. Quand il n'y a pas de livres à la maison, on peut s'arranger avec le centre de documentation du collège. Mais je constate que les parents qui en ont les moyens refusent d'acheter des livres : pour eux, ce n'est pas une question d'argent mais une question de principe : ils nous renvoient que l'école est gratuite. Une mère m'a dit : "J'ai déjà acheté un livre au premier trimestre, je ne vais pas ouvrir une bibliothèque !" Les élèves ne lisent plus, sauf des petits romans : une littérature reformatée pour la jeunesse, linéaire et au présent. Conséquence : ils ne sentent pas la différence entre l'imparfait et le passé simple. En troisième, je revois les temps de l'indicatif en français. Ils ne les savent pas. L'un d'eux m'a sorti "il avra" à la place de "il aura". Au passé simple, j'ai des u *à la place des* i, *des* i *à la place des* a. *Des lacunes très difficiles à récupérer.*

« *De plus en plus d'élèves, rapporte-t-elle enfin, sont au collège en touristes. J'ai une élève adorable, elle a un sac à main à la place d'un cartable. En sixième, où ils sont encore obéissants, on les oblige à porter un énorme cartable absurde qui fait dix fois leur poids. En troisième, on perd l'autorité sur eux et ils n'apportent plus rien : ni leurs livres, ni leur carnet de correspondance. Conclusion : on ne peut plus faire de mots aux parents, on n'a plus de moyens de pression. On n'a pas non plus le droit d'envoyer un élève en permanence, car on a l'obligation scolaire des cours. Ils restent donc en classe et, là encore, pénalisent ceux qui veulent suivre. La seule solution qui reste est le conseil de discipline, si un gamin a voulu en étrangler un autre ou frapper un professeur. Et encore, c'est compliqué, il faut des preuves irréfutables, monter un dossier... »*

Comment l'engrenage a-t-il commencé ? Par « un retour de manivelle à retardement », selon Carole Julien. « On est en train de payer la réforme de la méthode d'apprentissage en primaire, ces dix ou quinze dernières années : ne plus asséner de leçons toutes faites, ne pas faire apprendre par cœur mais aider à découvrir par le contexte et le questionnement. Ils sont persuadés qu'en ayant lu deux fois les deux premières déclinaisons, c'est bon. Ils ne savent plus apprendre par cœur. De même, jusqu'en janvier 2007, on ne devait plus étudier la grammaire in extenso mais intégrée à l'étude de texte, donc de manière émiettée. Ça pourrait marcher si les élèves avaient acquis les bases en primaire, ce qui est loin d'être le cas.

« L'autre aspect de la nouvelle méthode est la suppression des devoirs le soir. Les instituteurs qui sont en poste depuis longtemps résistent parfois à

ces directives mais la tendance est là. On insiste plus sur les loisirs que sur l'effort dans les petites classes. Pour couronner le tout, les heures de français dans le secondaire n'ont cessé de diminuer. Ma mère, qui devait donner vingt heures de cours de français par semaine, n'avait que deux classes de sixième. Aujourd'hui, un prof de français accomplit ses dix-huit heures réglementaires avec cinq classes : qu'on ne s'étonne pas du résultat ! »

CHAPITRE 5

Réseau solidaire

Pour que cette défense du grec et du latin fût pleinement convaincante, elle devait émaner non pas du « pauvre crevard », mais des élèves eux-mêmes. Ce fut le socle du projet Mêtis : se tourner vers les anciens élèves ! « J'ai besoin d'un coup de main, et vous êtes les seuls partenaires que je puisse trouver ! »

Ceux que l'on attendait n'étaient pas forcément au rendez-vous ; j'espérais pouvoir compter sur les trois étudiants embarqués dans des études de lettres classiques. Un seul, Julien, se révéla d'une aide précieuse. La deuxième avait décrété que « ce n'était pas du tout son truc », et la troisième m'accompagna une fois dans un collège, pour me dire dans le train du retour : « Pendant combien de temps encore est-ce que je vais payer ma dette ? » J'étais atterré, non que je fusse pour quoi que ce soit dans ses succès, je m'étais contenté de dire à ses parents, inquiets de savoir si leur fille avait le niveau pour intégrer un IEP de province, qu'il existait aussi des trucs qu'on appelait des hypokhâgnes. A chacun ses complexes : l'une avait celui de la cité, et ne voulait pas apparaître dans son collège ZEP comme celle qui avait fait des études, qui plus est dans un domaine aussi surprenant, l'autre faisait des crises de bovarysme, et préférait éviter de retourner à la ferme des Bertaux. Finalement, c'était celui qui avait mené tranquillement sa barque, sans rien demander à personne, qui venait me prêter main-forte.

La présence des anciens élèves compliquait l'organisation des visites : il fallait s'accorder avec le collège, avec les agendas des étudiants. De plus en plus, je sollicitais les lycéens eux-mêmes : plus proches en âge des collégiens, ils présentaient l'avantage d'avoir des notions de grec et de latin à peu près à jour. Le nombre d'élèves des sections grec et latin au lycée ayant été multiplié par 10, j'avais un véritable choix dans les équipes que je pouvais constituer. Pourtant, beaucoup de visites se faisaient dans l'impréparation la plus totale, je débarquais en panique au lycée :

— T'as cours cet après-midi ?

— Euh, oui, pourquoi ?

— T'as quoi ?

— Maths, pourquoi ?

— C'est qui ton prof ?

— M'sieur Chareyre, pourquoi ?

— Non, pour rien... Je cherche des élèves pour m'accompagner dans ton ancien collège...

— Mais je veux y aller, M'sieur, je vous jure c'est pas grave, le cours de maths, de toute façon, je le rattraperai...

— Non, non, je vais encore avoir des problèmes...

— Mais non, vous inquiétez pas... de toute façon vous avez déjà des problèmes !

— Tiens, voilà mon portable, tu appelles tes parents, tu leur demandes s'ils sont d'accord ?

— Non, mais c'est bon y sont d'accord...

— Appelle-les, j'te dis !

Nous partions en trombe, avec des élèves hilares, trop contents de louper un après-midi de cours :

— M'sieur, elle est à vous la voiture ?

— Ouah, vous payez jamais vos contraventions ?

— Bon, est-ce que vous avez pensé à ce que vous comptiez dire ? Parce que si c'est simplement pour dire : c'est chouette le grec ! C'était pas la peine de venir... C'est des gamins de troisième, il faut être motivant ! Rappelez-vous la tête que vous faisiez quand on est venu vous voir ! Il faut vraiment que vous alliez les chercher ! Déjà qu'ils ont envie de dormir, mais alors rester éveillé pour entendre parler du grec et du latin…

Les face-à-face entre anciens élèves et collégiens de troisième débouchaient souvent sur tout autre chose. Il entrait une certaine curiosité chez les collégiens, à voir ces étudiants venus des mêmes lycées et collèges qu'eux : « Ça se passe comment ? », « C'est dur la médecine ? ». Leur réponse retenait l'attention : « Là pour vous c'est tranquille *(murmures dans la classe)*, le lycée c'est un peu plus chaud mais pas beaucoup plus, le bac vous l'aurez, enfin en travaillant un peu quand même ! Mais quand vous arrivez en fac, c'est là que vous vous apercevez qu'il est trop tard, que vous n'avez plus le temps de combler vos lacunes. En fait vous devez travailler dès maintenant pour ce qui va se passer après le bac ! »

Beaucoup d'étudiants, recalés de la première année de médecine, alors qu'ils avaient fait des bacheliers tout à fait honorables, ravalaient leur fierté, et venaient expliquer leur échec devant les élèves. C'était faire savoir aux collégiens que le bac n'avait plus grande importance, et que le véritable tri se faisait au niveau des études supérieures. En même temps, le fait que certains soient allés au bout de ces études supérieures était facteur d'encouragement.

Les Principaux de collèges insistaient sur ce point en nous accueillant : pour les collégiens, réussir par les études n'a souvent plus grand sens. De plus en plus, l'intérêt est de quitter au plus tôt le système éducatif en s'orientant vers des études courtes. Les réussites les plus « exemplaires » qu'ils avaient sous les yeux émanaient de ceux qui avaient compris qu'il était urgent de quitter au plus vite les bancs de l'école.

« Mener des études supérieures va être difficile pour vous, mais pas impossible ! Nous l'avons fait ! Mais ce sera beaucoup plus compliqué pour vous que pour d'autres, qui n'ont pas à supporter le poids des trajets, à financer leurs études, qui sortent de lycées dont le niveau n'est pas comparable avec ceux que vous allez fréquenter. Autant s'y préparer le plus tôt possible, et ne pas attendre la fin de l'année de terminale ! »

J'avais eu la main heureuse, les anciens élèves sur lesquels j'étais tombé, par leur engagement et leur disponibilité, étaient de très loin les meilleurs partenaires que je pouvais trouver : ils se coltinaient leurs trois heures de trajets vers les facs parisiennes, bossaient le week-end au Flunch, et, dans leurs rares temps de loisir, venaient me filer un coup de main pour promouvoir le grec et le latin. Il fallait prolonger cet élan.

Mêtis fut ainsi baptisée durant l'hiver 2002-2003, dans une brasserie lugubre, située en face à la gare SNCF de la ville. Nous étions sept, j'étais venu de Paris, avec Renan, un ancien élève qui avait intégré le Conservatoire d'art dramatique. Nous cherchions un nom qui pourrait se référer à la mythologie grecque, tout en restant ouvert sur d'autres activités. On s'arrêta sur Mêtis, déesse de la ruse, première épouse de Zeus, mère d'Athéna, douée du don de métamorphose…

Parallèlement à la promotion du grec et du latin, le projet Mêtis intégra immédiatement d'autres activités : des sessions de préparation aux examens furent mises en place. Renforcer le niveau des élèves qui sortaient du lycée était un impératif souligné par tous : le changement de rythme était beaucoup trop violent entre une terminale scientifique et une première année de médecine ou une classe préparatoire. Le bachelier moyen du lycée n'avait aucune chance. Il fallait agir bien avant. Tous ceux qui s'en étaient sortis le disaient. J'avais fait un rapide sondage auprès des élèves de première et de terminale pour connaître les entrées du programme pour lesquelles ils souhaitaient avoir des séances de « perfectionnement ». Je découvris des termes stupéfiants, que ma formation scientifique imparfaite ne m'avait pas permis de maîtriser : les dipôles RLC, la méiose, le caryotype… Les étudiants choisissaient ensuite le point du programme sur lequel ils voulaient intervenir.

A travers ces séances de soutien, nous poursuivions un autre objectif : faire en sorte que ce travail soit reconnu comme indispensable et puisse être financé pour, à terme, offrir une rémunération à l'étudiant qui le prenait à sa charge. Beaucoup de jeunes bacheliers croisés au hasard des trajets en train avaient un parcours fâcheusement prévisible :

— Bonjour, M'sieur, ça fait plaisir de vous voir ! Toujours au lycée ?

— Et toi ?

L'élève tout fier :

— Je suis en fac, et je travaille à la Brioche Dorée, les samedis et dimanches.

Quelques mois plus tard, c'était simplement : « Je travaille à la Brioche Dorée ». Les études étaient passées à la trappe. Les trajets vers les facs parisiennes, la différence de niveau entre les lycées, et maintenant le petit boulot du week-end pour financer les études, c'était trop. Si l'on voulait éviter que ce type de parcours ne se généralise, nous devions financer ces séances de travail, pour offrir une alternative.

Elles sont quatre sœurs. Dans l'ordre : Nam-Tran, Nam-Kim, Nam-Phuong et Nam-Thanh. Respectivement 28, 26, 25 et 18 ans. Toutes jolies et ressemblantes, à vous donner le tournis quand elles sont ensemble. Nées au Vietnam pour les trois premières, filles d'une comptable et d'un docteur en médecine parti faire ses études en France, réduites à une vie de misère par le régime communiste, arrivées en France en 1984 avec le statut de réfugiées politiques, passées par le centre de réfugiés d'Alençon puis élevées dans une cité de Seine-et-Marne. Presque toutes passées par le collège puis le lycée de la cité. Toutes en section S. Toutes premières de la classe, ou presque. Toutes sorties de la cité et échappées vers les classes préparatoires parisiennes ou en médecine, le rêve de leur père. Aujourd'hui, Nam-Tran a terminé son internat et souhaite devenir médecin aux Etats-Unis, Nam-Kim est interne en médecine générale à l'hôpital Lariboisière, Nam-Phuong, ingénieur chimiste, a effectué des stages en Suisse et en Grande-Bretagne, et Nam-Thanh est en première année de classes préparatoires aux grandes écoles scientifiques.

Les trois sœurs aînées se sont assigné une mission : faire en sorte que la petite dernière, Nam-Thanh, ne subisse pas la même expérience qu'elles. Lui permettre d'échapper à ce qu'elles appellent la « pesanteur ». Leur mère avait pensé à mettre toutes les économies dans un petit appartement à

Paris pour permettre aux trois aînées de suivre leurs études supérieures dans la capitale. Toutes les trois ont insisté pour que leur jeune sœur en profite avant le bac. Nam-Thanh (dont le prénom, pour tout simplifier, se prononce « Nam-Tran », comme celui de l'aînée) a fui le destin des élèves de banlieue pour rejoindre directement l'élite parisienne, au lycée Louis-le-Grand. Mention Très bien au bac, bien sûr. « Je ne dirai jamais assez merci à mes sœurs, dit Nam-Thanh. Je me suis trouvée dans un entourage où tout le monde réussissait. Pour mes camarades de collège, être un bon élève à l'école n'était pas un désir. On se fait plutôt taquiner d'être bosseuse et "intello". A Louis-le-Grand, dès la seconde, le bac était un objectif dépassé. La seule question n'était même pas de savoir si on aurait une mention – quelle évidence ! –, ni si on comptait aller un jour en prépa – autre évidence –, mais quelle prépa on ferait.

La « pesanteur », assurent-elles d'une seule voix, ne vient pas du fait d'être d'origine étrangère : paradoxalement, ne pas être « français », dans un lycée de la banlieue défavorisée, relèverait plus à leurs yeux de l'atout que du handicap : « C'était vrai de mon temps, explique Nam-Tran, ça l'est plus encore aujourd'hui : il n'y a plus de mixité. Les Blancs ont déserté le lycée parce que le niveau est mauvais et aussi parce qu'ils se sentent brimés dans les classes de banlieue. Si tu es français et que tu travailles bien, on se moque de toi. J'ai subi les taquineries pour trop bien travailler, mais c'était bien plus léger du fait que j'étais étrangère. »

La pesanteur est ailleurs, dit-elle. Dans le fait que dans un tel lycée de banlieue, l'avenir n'est même pas évoqué. Dans le fait de tenir ancrée au fond de soi la conviction que, quoi qu'on fasse, on n'y arrivera jamais. Comme ses sœurs, elle a connu le « choc » de l'après-bac, à Paris. « Il y a un clash quand on sort de notre bulle de banlieue. Même première de la classe, vous n'êtes plus du tout dans le coup parmi des Parisiens. Pour surnager dans le "vrai monde", il faut avoir le courage de travailler à nouveau comme une forcenée. En gros, tout recommencer... »

Les quatre sœurs Nguyen Cuu l'affirment haut et fort : la vraie discrimination, c'est le respect que les parents témoignent, ou non, à l'égard des études de leurs enfants. Nam-Tran, Nam-Kim, Nam-Phuong et Nam-Thanh habitaient au 11ᵉ étage de la tour « Argonne », une HLM de 15 étages, avec des voisins de toutes origines. Elles mangeaient à leur faim mais n'avaient pas de quoi connaître les loisirs. La première fois qu'elles sont parties en vacances, c'était pour voir la mer à La Baule, Nam-Kim avait huit ans. Dans la cité, elles ne traînaient pas après les cours. « Il n'y avait pas d'autre occupation que travailler, note Nam-Phuong. Alors, autant travailler. »

Etudier, étudier encore et se réjouir de pouvoir le faire, tel était l'unique mot d'ordre. « Jamais nous ne nous sommes senties malheureuses, explique Nam-Kim. Dans notre tradition asiatique, on ne se pose pas la question : "Pourquoi n'avons-nous pas ce qu'ont les autres ?" Ce n'est pas la mentalité. Travailler est une valeur communément admise et rien n'est plus important que l'école. » Avec Nam-Phuong, en 2007, elle est retournée au Vietnam. Elles ont rencontré celui qu'elles appellent « le rameur du Mékong » : chaque jour, il fait faire aux touristes un tour de deux heures sur le fleuve, pour 25 centimes d'euros. « Il ne se pose pas la question de savoir s'il doit s'en plaindre, constatent-elles sans surprise. Pour mes parents, qui avaient été envoyés "à la forêt" pour des travaux collectifs, tout était une chance en France, et ils nous avaient inculqué cela. Cette évidence donne une grande force : vous ne ressentez aucune jalousie, aucune envie, c'est plus facile d'accepter les choses. »

« *En banlieue, explique Nam-Tran, la plupart ne perçoivent la réalité qu'à travers la télévision, la publicité, la téléréalité, les "chats" sur Internet. La réalité, dans notre quartier défavorisé qui est pourtant loin d'être la pire des banlieues, c'est de mourir à petit feu. Mes parents ne conduisaient pas et ne voulaient pas qu'on prenne le train seules. On n'allait presque jamais à Paris et jamais au théâtre, peu au cinéma, faute de moyens. Je ne connaissais pas Joseph Gibert, le Quartier latin. Je n'imaginais même pas qu'il y avait un ailleurs.* »

« *La pesanteur du système d'éducation français, ajoute encore Nam-Kim, c'est qu'il ne vous donne pas de seconde chance. Sauf exception, vous ne pouvez pas vous réveiller sur le tard : si vous avez raté vos études, c'est fini. Parmi les amies que j'ai gardées du lycée, certaines sont secrétaires, une autre est employée à Roissy. Celles de Nam-Thanh deviendront parlementaires ou chirurgiennes. Ce n'est pas normal. Si l'éducation était la même pour tous, on devrait pouvoir se partager les bons plans.* »

Tirs de barrage

Un matin de mars, je me rendais à la journée «portes ouvertes» du lycée, et trouvai dans mon casier une lettre timbrée, le nom et l'adresse avaient été tracés à la règle, pour que l'on ne puisse pas identifier l'écriture. La lettre à l'intérieur portait l'en-tête du lycée. Le Proviseur s'y adressait à tous les Principaux des collèges du secteur : « Si M. d'Humières se présente dans votre établissement pour y faire la promotion des langues anciennes, je vous demande de ne pas l'y accepter. La seule personne que j'ai autorisée à se rendre dans les collèges est Mme Perrine Alfonsi, l'autre professeur de lettres classiques... Par ailleurs, faites attention : M. d'Humières est tout à fait capable de prendre contact directement avec les professeurs de lettres classiques. » Le Grand Rabatteur m'avait habitué à sa lecture iconoclaste du respect des droits de la défense, mais là il commençait à devenir un peu pénible. Je gagnai la salle où je devais animer pendant quatre heures le stand lettres classiques dans le cadre des journées « portes ouvertes ». Avec ladite Perrine Alfonsi.

Elle ne s'est jamais présentée dans le moindre collège ; je pris donc contact avec les Chefs d'établissement : « Voilà, comme chaque année, je vous appelle pour organiser la visite de promotion du grec et du latin… » Je connus le pire : une ancienne prof d'EPS, qui accepta après une quinzaine d'appels de ma part de me prendre au téléphone :

— Je me demande si je ne vais pas vous raccrocher au nez. Comment osez-vous m'appeler ? Vos méthodes sont inacceptables !

— Vous pouvez m'expliquer ce qui est devenu inacceptable entre l'année dernière où vous étiez enchantée de notre visite et cette année où cette perspective vous scandalise ?

— Ecoutez, monsieur, ça suffit… Tuut, Tuut…

Finalement, on est quand même rentrés dans son collège. Deux collègues et mères d'élèves sont allées la voir pour lui dire qu'il était indispensable que les collégiens entendent parler des options grec et latin : « OK, j'accepte les étudiants, mais pas lui ! » Et puis, il y eut le meilleur : une autre Principale, même profil, attitude un peu différente : « Votre Proviseur fait ce qu'il veut dans son établissement. Ici, c'est moi qui décide. Vous venez quand vous voulez avec vos étudiants ! »

Le concept des visites en collèges avait fait ses preuves : quelques années plus tard, toutes les autres options (classe européenne, alpinisme, histoire des arts, gastronomie japonaise...) l'adoptèrent. Lorsque je pus enfin réintégrer ma place aux inscriptions de seconde, à la faveur de l'arrivée d'une nouvelle Chef d'établissement, nettement plus ouverte et tolérante que ses prédécesseurs, je retrouvai mes « collègues » sur le pied de guerre. Ils avaient établi une sorte de barrage filtrant devant l'entrée de la salle des inscriptions :

— Tu as choisi tes options ?

— Je pensais peut-être prendre grec...

— Oh, t'as pas l'air bien sûr ? Sinon on peut te proposer de la musique, de l'histoire des arts, avec des voyages prévus à Venise, à Belgrade, à Vienne, à Tombouctou...

— J'aime bien la musique...

— Alors grec ou musique ? Le choix est difficile...

— Oh, ben je vais prendre musique...

A quelques pas de là, j'observais la scène, exaspéré et soulagé. On pouvait mesurer le chemin parcouru. Maintenant les élèves arrivaient en voulant faire du grec. Alors, bien sûr, il y avait eu les fermetures de classe, les chausse-trapes du Proviseur et de l'autre prof de lettres classiques, les manœuvres pour rentrer dans les collèges, et maintenant des barrages à l'entrée des inscriptions…

Ils arrivaient un peu tard : cinq années d'intervention en collèges, plus de trois cents néo-hellénistes recrutés, l'exemple des anciens élèves, le grec avait une histoire. Un collégien qui entendait un « professeur » lui dire : « Pourquoi faire du grec ? Ça ne sert à rien ! » avait à présent les moyens de prendre quelque distance avec cette contrevérité.

La nouvelle Proviseure est venue me voir, affolée : « Augustin, vous vous rendez compte il y a 53 inscrits en grec et 45 en latin, ça ne va pas du tout ! C'est en train de devenir la première option du lycée ! Mais vous vous rendez compte ? Vous savez que je vous soutiens, mais là quand même ! » Le lendemain, tout le monde était rassuré : le chiffre des inscriptions en grec était bon, mais en latin, elle avait compté tous les latinistes qui auraient dû s'inscrire au lycée, mais qui avaient d'une façon ou d'une autre contourné la carte scolaire. Il y avait non pas 45 mais 15 latinistes inscrits. Ouf !

CHAPITRE 7

La « *prise de salle* »

Le dernier axe du projet Mêtis s'est mis en place au printemps 2003. Il était la conclusion logique de quelques constats : 1) Je passais beaucoup de temps à errer dans la zone industrielle nord. 2) Dans les échanges que je pouvais entrevoir entre les élèves, le vocabulaire invraisemblable qu'ils employaient, l'étrange mélange de familles, de pays, qui faisait se côtoyer chaque jour la famille polygame, la famille tamoule, la famille salafiste, la famille éclatée, la famille fatiguée, de toute cette diversité qui produisait un mélange absolument détonant, je me disais qu'il y avait peut-être autre chose à tirer qu'une équipe de foot... 3) Il manquait une case dans la journée proposée à l'élève : béton/boulot/ béton. Une heure de car/huit heures de cours/une heure de car était un triptyque un peu court ! Le décalage entre le cours et l'extérieur était trop grand pour qu'on puisse rien attendre de ce temps passé hors de l'école. Il fallait occuper ce terrain.

J'avais une vague idée de ce que je voulais faire : un groupe d'une vingtaine de lycéens, qu'on ferait répéter à marche forcée, pour en tirer une pièce regardable par un spectateur non averti. Une initiation pré-professionnelle en somme, avec pour objectif de leur faire vivre en grandeur nature la préparation d'un spectacle avec toutes les exigences que cela comporte : un vrai théâtre, de vraies lumières, de vrais costumes, des vrais spectateurs, un vrai texte…

J'avais dans les mains du temps à donner, je savais aussi pouvoir compter sur des personnes rencontrées au hasard de mes pérégrinations théâtrales, et qui, dans la mesure de leur disponibilité, viendraient me filer un coup de main. La question du texte fut vite expédiée : *Le Songe d'une nuit d'été* ! Je connaissais très mal la pièce, mais le titre me plaisait : pas de contexte historique vraiment défini, des fées, des grotesques, des amoureux, une grande variété de personnages qui collait bien à la grande variété de tempéraments que j'avais entrevue.

Restaient quelques détails : le lieu de répétition d'abord. Compte tenu de la fréquence des séances (quatre fois par semaine, tous les jours en périodes de vacances), il fallait trouver un lieu dont l'accès ne requerrait pas vingt-cinq autorisations. Ce fut donc le centre social : une sorte de bâtiment rosâtre, cerné par les tours, au cœur de la cité... Il avait le mérite d'être pratique, du moins, pour ceux qui habitaient la cité, parce que, pour les autres, le problème se posait de savoir comment ils allaient rentrer chez eux... J'en avais déjà une vague idée.

Ce centre social avait ses exigences, et se montrait très soucieux de n'être pas un lieu de passage. Son directeur, quand je lui demandai pour la première fois des salles pour répéter, me brandit une clef au visage : « Moi quand j'ouvre une salle, je ne fais pas que tourner la clef, ça a une portée symbolique d'ouvrir une salle... » Je me taisais, en l'écoutant avec gravité, gravité qui ne m'a jamais quitté : lorsque je réclamais à Baïja, la dame de l'accueil, l'espace-cuisine, la salle petite-enfance, en avançant à pas de loup. Il fallait négocier les salles, il pouvait y avoir le ping-pong, l'amicale franco-tamoule, les danses de la Réunion, l'atelier couture... Le plus étonnant était la bureaucratie qui pesait sur ce centre, tout devait être signalé, contrôlé : quand je réservais la salle pour répéter à partir de 14 heures, mes interlocuteurs me disaient : « Donc une prise de salle vers 13 h 50. » Je restais confondu devant ce concept de « prise de salle ».

La fréquentation de ce lieu n'en fut pas moins fort enrichissante. A travers les associations que l'on y côtoyait, le centre renvoyait une image beaucoup plus apaisée de la réalité d'une cité que ce que je pouvais en percevoir depuis ma salle de classe. C'est là que nous avons bâti tous nos spectacles, lancé l'accompagnement à la scolarité, unique endroit où l'on avait le sentiment de ne pas déranger, voire d'être attendus. Et puis, les différents sobriquets dont j'étais affublé en arrivant là-bas m'ont comblé : depuis Baïja qui passait de : « Bonjour, Monsieur de Lumière » à « Bonjour Monsieur Mêtis », jusqu'à Dioulam qui m'accueillait d'un « Ça va Auguste ! ».

Ce qui devait devenir une petite troupe de cité se constitua progressivement, par agrégat. Premier rendez-vous fixé, un samedi après-midi, juste devant le théâtre, une seule personne au rendez-vous : Ilham. Aïmen m'avait mis en garde : « M'sieur, faut pas lui parler à cette fille, sinon son frère, il va faire l'hélicoptère avec ta tête ! » Je mis un peu de temps à repérer que c'était là mon meilleur atout, les intermittents qui venaient aux répétitions ne s'y trompaient pas : « Celle-là demain elle peut travailler ! »

Vint ensuite la bande de Dounya : Kadiatou, Kamir, Amélie, quelques électrons libres, Allan, Dalla, Renate, Christiane, et Louis, élève que je n'avais jamais vu, mais dont j'entendais régulièrement parler en salle des professeurs : il répondait au patronyme de Cator. C'était devenu pour moi un personnage mythique, et j'étais très fier d'accueillir Louis Cator dans une troupe dont il allait se révéler un pilier. L'ensemble avait une dynamique, un enjouement, que ma désorganisation s'est empressée de casser.

Je n'avais absolument pas mesuré la quantité de travail et d'énergie qu'une telle entreprise réclamait. Ne serait-ce que pour simplement leur livrer un texte ! Les coupes me prirent deux mois, les exercices proposés consistaient donc essentiellement en improvisations. Elles permettaient de mettre au jour des données sociologiques inattendues : une des premières impros mettait aux prises trois filles jouant le rôle de garçons parlant des filles. Ce fut un déluge de mots orduriers, machos, violents, à côté desquels un rappeur nord-américain ferait figure de poète. L'ivresse, la relation amoureuse, le rapport aux parents, autant de thèmes des comédies de Shakespeare, qui, transposés dans l'univers de la cité, allaient mériter une « approche adaptée ».

Ces séances de répétition constituaient pour beaucoup un exutoire, ne serait-ce que parce que c'était le seul endroit où garçons et filles pouvaient se parler librement, sans faire l'objet des on-dit. J'eus un peu de mal à composer avec cette réalité : j'avais depuis longtemps renoncé à me prendre pour un metteur en scène, mais de là à faire moniteur de colo… Ces gamins de 16-17 ans, rompus au commerce de l'Internet et des « chats », avaient parfois des comportements d'un autre siècle : l'essentiel était de sauver les apparences, de respecter les codes en vigueur dans les différentes communautés. Le poids de l'interdit contribuait à instaurer entre filles et garçons un mode relationnel digne du Moyen Age.

Lors d'une répétition de *La Nuit des rois*, Taner jouait le rôle de Sébastien, le frère jumeau de Viola, qui était pris sous l'aile protectrice d'Antonio, marin hors-la-loi, interprété avec bonheur par Louis. Je m'escrimais à leur faire comprendre que cette amitié était paternaliste, qu'il était « le fils qu'il aurait aimé avoir », jusqu'au jour où, au beau milieu de mes explications fumeuses, Dounya s'écria : « Ouais, y sont pédés quoi ! » Silence de mort dans la salle. Taner me regarde horrifié, comme s'il avait le sentiment d'être trahi. Bien évidemment, sa tête effarée me fit rire, ce qui confirma ses craintes. Il voulut quitter immédiatement le spectacle. Louis lui courait après : « Mais c'est le personnage ! C'est le personnage ! » Je me retournai vers Dounya avec une certaine irritation : « Ben quoi, qu'est-ce que j'ai dit, c'est vrai quoi ! »

J'étais très encouragé par ces débuts : « C'est dingue, ils sont géniaux, fantaisistes, drôles ! Pourquoi est-ce que tout le monde ne fait pas du théâtre avec eux ? » J'allais assez vite comprendre pourquoi.

L'essentiel du boulot consistait à attendre, et attendre, et avaler des couleuvres, et ravaler sa rage ; il n'y eut aucune répétition complète possible avant qu'on fût arrivé à moins d'une semaine du spectacle. J'ai passé un temps considérable sur les fauteuils orange dressés devant l'entrée du centre, sous le regard perplexe de la dame de l'accueil, avec, pour tout spectacle, une exposition sur le tri sélectif et les ordures ménagères.

Il y en avait toujours un au moins qui manquait à l'appel. J'arrivais. Personne. Deux ou trois élèves entrent avec nonchalance, puis je commence à éclater mon forfait de portable (toujours appeler en masqué) :

— Oui Dounya, c'est Monsieur d'Humières, je suis au centre, il y a dix personnes qui t'attendent *(en fait, il n'y en avait que deux, mais je n'allais pas lui dire qu'il en manquait sept autres)*, tu peux juste nous dire ce que tu fais ?

— Ah, j'suis désolée, j'ai dû garder ma petite sœur *(rires des copines derrière)*.

— Et c'était compliqué de prévenir ?

— J'ai pas de forfait !

Il fallait donc commencer des répétitions dépareillées, ce qui m'obligeait à donner la réplique dans la quasi-totalité des rôles de la pièce ; le seul avantage était que cela permettait de faire travailler à chaque apprenti comédien son texte à la virgule près. Pour parfaire leur diction ils répétaient toujours un crayon entre les dents, selon un exercice que j'avais un peu pratiqué moi-même, et qui, paraît-il, pouvait être efficace.

Quand les intermittents débarquèrent au centre, pour découvrir trois jeunes lycéens en train d'ahaner un texte de Shakespeare, tout en se débattant avec un crayon posé entre les dents comme le mors d'un cheval, ils m'ont regardé avec une lueur d'effroi :

— Mais qu'est-ce que tu leur fais faire ?

— Ben du crayon !

— Mais, c'est pas dans ce sens-là que ça se met !

La distribution n'était jamais complète : il y avait les filles les plus dégourdies et les plus énergiques, mais le garçon se faisait rare, ce qui posait problème dans la constitution des couples d'amoureux. Faire jouer des déclarations d'amour entre deux filles… déjà que l'histoire n'était pas forcément simple à comprendre.

Je passais les intercours à apostropher des garçons en train de discuter entre eux :

— On monte une pièce avec les élèves du lycée, y a des secondes, des premières, des terminales, j'sais pas si tu connais Murielle et Dounya ?

— Tsst !

— Je n'ai pas compris ton propos, tu les connais ou pas ?

— Ouais, je crois !

— Et donc il nous manque un rôle, on ne trouve pas de garçons, et ça risque d'empêcher des élèves qui répètent depuis des semaines de monter leur spectacle, y a des musiciens, des techniciens professionnels, pour vous encadrer, vous jouez en juin dans le grand théâtre de la ville, ça te dit ou pas ?

L'élève, rougit, mal à l'aise devant ses potes :

— Je crois pas…

Le pire était celui qui vous disait : « Pas de problème, ça m'branche, je serai là. » On pouvait être certain de ne jamais le voir. Je repartais sous les murmures du petit groupe :

— Il est grave, lui !

— C'est un prof ?

— Ouais, il est venu me chercher, il voulait que je fasse du grec !

Il fallait donc attendre, choisir en dernière extrémité, et composer avec des élèves moins fréquentables : ceux qui expliquaient systématiquement qu'ils allaient rater leur bac à cause du théâtre, et pour lesquels j'organisais, avec l'aide d'étudiants, des séances de soutien scolaire pendant les vacances. Ce n'était pas suffisant ! La mère venait se plaindre :

— Pour la deuxième semaine des vacances, on n'a pas vu venir les cours de soutien !

— Excusez-nous, madame, il y a eu quelques soucis d'organisation !

On ne voyait quasiment jamais les parents des apprentis comédiens avant le soir de la représentation. C'était mieux comme ça, parce que nous nous serions volontiers passés de ces confrontations, au sortir de répétitions tendues, avec des mères de famille qui avaient gommé le mot merci de leur vocabulaire, après qu'on eut donné une semaine de cours de soutien et cinq mois de cours de théâtre gratuits à leur enfant.

C'était une erreur de débutant, que mon absence d'imagination autorisait : je préférais attendre des semaines, quitte à paralyser l'avancée du spectacle, pour que l'élève qui me semblait avoir le tempérament du personnage accepte de faire du théâtre, alors que, dans un coin de la salle, un autre était là à l'heure, et aurait été ravi de se voir confier un rôle un peu plus important que les quatre malheureuses répliques qu'il avait à prononcer. Fort heureusement, j'avais autour de moi quelques « professionnels de la profession » qui venaient me rappeler que le théâtre, c'était précisément l'inverse : proposer à un comédien un rôle dans lequel il n'est pas forcément attendu…

Qui plus est, ces tempéraments exubérants se révélaient souvent compliqués à gérer : Murielle était un parfait Nick Bottom ; je me suis tout de même retrouvé une ou deux fois à réactiver des réflexes oubliés pour éviter de recevoir en pleine poire le texte de Shakespeare, sous prétexte que j'avais dû demander aux élèves d'arriver à l'heure. Elle quittait la salle en hurlant, sous l'œil effrayé des autres élèves. David, un des intermittents, devait négocier au bas de sa tour, pour qu'elle accepte de reprendre le rôle, en lui expliquant qu'il savait ce qu'étaient les états de tension, que lui-même venait d'avoir un enfant…

Je voulais tellement que le spectacle se fasse que j'acceptais tout. L'alternative était simple : soit marquer les limites : vous êtes là et à l'heure, sinon vous dégagez, et en ce cas, il n'y avait plus de spectacle ! Ou se taire ! Pour obtenir que Jonathan prenne au sérieux le rôle du jeune Démétrius, je devais venir le chercher au pied de chez lui, ou l'attendre des heures à la gare et faire un crochet par le Macdo.

Les répétitions se déroulaient dans une atmosphère étouffante, les salles du centre étaient souvent occupées par d'autres activités. Les portes s'ouvraient et se refermaient, sous l'œil médusé du comédien qui animait la séance : « Ils savent que normalement une répétition, ça se fait dans le silence ? » Le concierge arrivait, excédé, cinq minutes avant la fermeture, interrompant une scène en son milieu : « Je vais fermer ! » Je courais vers lui, pour lui murmurer à voix basse : « On a terminé dans cinq minutes ! » Nous transportions tout le monde pour répéter en plein air jusqu'à 8 heures du soir.

Le centre n'étant pas toujours disponible, il fallait trouver une base arrière. Le parking du lycée était situé en contrebas de la grand route. Nous nous y retrouvions les dimanches matin, le jeudi de l'Ascension, le premier mai… Je partais de Paris et commençais la tournée des villages (pas de car de ramassage le dimanche). Ils étaient évidemment situés en quatre points opposés : Christophe à l'ouest, Stéphane au nord, Lydie et Lise plein est. La matinée commençait avec Ado FM à fond de cale dans la voiture, et Lydie et Stéphie en chœur :

— On lâche pas on s'accroche/Du but on s'rapproche/Sur l'disque ou sous l'porche/C'est gravé dans la roche…

— Mais comment on peut écouter des trucs pareils ?

— Ouais, j'suis sûr que vous écoutez de l'accordéon, du Georges Brassens ou des trucs comme ça !

En chemin, je recevais un texto de Stéphane ou de Kevin : « Dslé, je peu pas venir je doi allé à la pêche avec mon père. » Je rappelais immédiatement. Le portable était sur messagerie. Je jetais de rage mon portable contre le pare-brise, sous l'hilarité de Lydie.

Nous arrivions pour retrouver les lycéens de la cité qui m'attendaient sur le parking :

— M'sieur, on peut pas répéter y pleut ?

— C'est pas un problème.

Les familles qui allaient faire leur marché du dimanche nous regardaient intriguées. Des types passaient douze fois devant nous en scooter, puis s'en allaient, voyant qu'on était vraiment des acharnés. A la pause-déjeuner, les gars du village ne pouvaient pas rentrer chez eux : il fallait donc leur payer le Macdo. De ce fait, les gamins de la cité expliquaient aussi qu'ils ne pouvaient pas rentrer chez eux « parce qu'il n'y avait personne »… Je me retrouvais à payer quinze macdos, quand nous répétions au complet. Ça me semblait peu, j'étais trop content d'avoir tout le monde sous la main, et d'avancer, enfin !

Nous terminions la journée sur le coup de 7 heures du soir. Il fallait encore raccompagner les villageois :

— T'es là demain, pas de faux plan ?

— Pas de problème, M'sieur !

— T'es sûr ? Parce qu'on a bien avancé, il faut qu'on continue !

Le lendemain à la sortie du lycée, j'apercevais le même élève que j'avais raccompagné la veille à 8 heures du soir, se diriger nonchalamment vers la gare, en dodelinant des fesses, au lieu de prendre la direction du centre où il était attendu par une dizaine de comédiens. J'ai dû faire quelque effort sur moi-même pour ne pas sortir de voiture, et lui administrer une vingtaine de coups de pieds dans le derrière !

Les semaines s'écoulaient ainsi, à faire du crayon, à prendre la place des comédiens absents, à se dire : « Non là c'est vraiment trop du foutage de gueule, je vais le virer ! » Pour eux c'était mon spectacle, et s'ils plantaient une répèt', le seul que ça gênait, c'était moi ! Il était bien trop tard pour poser des règles : à partir du moment où j'avais accepté ce mode de fonctionnement, je devais le conserver jusqu'au bout.

On s'apercevait parfois après des semaines de travail que l'apprenti comédien ne comprenait pas son texte :

— Tu joues quoi, Renate ?

— Ben, Olivia…

— Elle est amoureuse de qui ?

— De Sébastien.

— C'est qui Sébastien ? Ecoute, *La Nuit des rois* est une pièce où il y a deux jumeaux, ce qui justement autorise le quiproquo…

— Le quoi ?

A une semaine du spectacle, la configuration changeait : les absences se faisaient plus rares, la pression changeait de camp. Le cadre était enfin posé. Les professionnels pouvaient prendre la direction des opérations. Ce n'était plus « le prof » qui était aux manettes, c'était David, Olivier, Luc, Christophe, et Samantha. Il y avait entre les deux camps un regard interloqué et curieux. Les comédiens professionnels n'avaient pas forcément sur eux un point de vue consensuel : « OK, la vie n'est peut-être pas très simple pour vous, elle ne l'est pas non plus pour nous ! Alors si on se déplace à 50 kilomètres de Paris, c'est pas pour vous trouver au fond de votre lit ou pour écouter vos problèmes, vous avez plutôt de la chance de faire du théâtre dans ces conditions, nous, quand on était au lycée, on ne nous a jamais proposé un projet pareil ! » Et Lise d'écouter goguenarde : « Si vous pouviez cesser de jouer les mater dolorosa ! »

Elle avait déjà refusé de faire du latin et du grec et ne se voyait pas se mettre au théâtre. « J'étais flemmarde, et ajouter une heure et demie par semaine pour le grec, franchement, non. Ces matières facultatives sont souvent placées à des horaires dissuasifs, du style : à 17 heures, après une heure de trou. Le grec et le latin, ceux qui font les emplois du temps s'en cognent un peu. A moins qu'ils ne soient pervers, ce qui n'est pas nécessairement à exclure. »

Ainsi parle Lise Mandeng, 19 ans. Une langue élégante et bien pendue, une manière très ajustée d'observer et de réfléchir. Née à Douala, capitale économique du Cameroun, dans une famille de cinq enfants, la vie lui apprend vite à se prémunir contre tout ce qui peut ressembler à un sentiment. Ses parents (père steward à Cameroun Airlines, mère femme au foyer) décident un jour de l'expédier en France avec l'une de ses sœurs, alors qu'eux-mêmes restent au pays. Elle a 12 ans, sa sœur 13. Toutes deux logent chez leur tante, dans un village de Seine-et-Marne. « Cela s'est terminé par un placement en foyer, constate sobrement Lise Mandeng. Une histoire que je n'aime pas raconter. »

Au Cameroun, il y avait peu de livres à la maison, une encyclopédie Larousse qu'on avait offerte à son père pour son mariage : 20 tomes de A à Z. Lise les épluche un à un. Pour elle, chaque mot est un roman. Arrivée en France, elle découvre Virginia Woolf, Carson McCullers, lit sans cesse.

Ce qui lui vaut quelques coups d'œil incrédules, assure-t-elle, au collège de La Ferté-sous-Jouarre où elle fait ses premières armes : « Ma gêne, dans ce petit coin rural, était d'avoir toujours à prouver qu'on n'était pas des singes sortis de la forêt équatoriale. Il y avait peu de gens de couleur à La Ferté-sous-Jouarre. Je n'ai pas spécialement souffert du racisme, mais les gens se faisaient de l'Afrique une image stéréotypée : soit des pygmées qui dansent dans la forêt, soit des gens qui meurent sur la terre ravagée par la famine. Certains semblaient très étonnés de me voir capable de lire. »

Lise Mandeng est placée dans un foyer en 2004, et passe son bac un an plus tard, avant son 16ᵉ anniversaire, en ayant sauté quelques classes. Mention Bien et bac L, bien sûr : « La filière des paresseux. J'y suis allée pour ça. » En foyer, on lui demande son projet, ce par quoi elle sortira du système d'aide à l'enfance. Celui de Lise est de « faire des études longues » et devenir avocate. La voilà maintenant étudiante en droit et en anglais à Nanterre. Depuis deux ans, elle habite dans une cité, à Noisiel, logée grâce à l'aide sociale. Ses parents lui rendent visite de temps en temps. Elle jette sur son parcours un regard peu attendri : « Cela ne m'a pas brisé le cœur de ne plus voir mes parents. Au début c'était dur, bien sûr, mais il n'y a pas mort d'homme. Les gens qu'on aime, on n'est pas obligé de les fréquenter tout le temps. C'est une chose qui m'a surprise en France, par rapport au Cameroun. Ici, on veut tellement le bonheur qu'on se regarde souffrir sans cesse. On a tendance à être trop sentimental, à tout psychologiser. Là-bas, l'absence de confort diminue vos exigences. Mon père considérait comme impoli de se lamenter sur son sort. Ici, au contraire, le fait de ne pas se lamenter est un défaut. On me reproche d'être détachée, distante, froide. »

Détachée ? Distante ? Froide ? Allez voir Lise Mandeng sur une scène de théâtre. *Après* La Nuit des rois, *où son rôle consistait surtout à secouer des draps pour faire la mer et à transporter un prisonnier de la scène aux coulisses, elle a explosé dans* Cyrano de Bergerac. *Elle incarnait deux fois Cyrano, d'abord dans la scène du balcon puis au moment de sa mort. Lise joue, et on ne voit qu'elle. Bouillonnante, extraordinairement inventive, spectaculaire. « Comme je vous l'ai dit, je ne suis pas quelqu'un de très sentimental, note-t-elle. J'ai eu du mal à me mettre dans le personnage de Cyrano. Il est pathétique, il inspire la pitié, une chose à laquelle je ne suis pas habituée. Il fallait montrer des émotions, l'amour, le désespoir, ce qui n'est pas spontané chez moi. Au début, ça sonnait faux. »*

Le théâtre aura donc eu raison de Lise-la-détachée. Ce n'était pourtant pas sa tasse de thé. «J'avais le sentiment que le théâtre, c'était un truc de cour d'école, le genre de choses qu'on expose entre copains, dans une petite salle où les autres profs viennent applaudir le travail de leur collègue et où les jeunes se chahutent.» Ça ne lui disait rien, jusqu'au jour où elle est allée voir la représentation du Songe d'une nuit d'été, *au théâtre municipal. Sa sœur faisait partie de la troupe de Mêtis. «J'étais très impressionnée et c'est rare de ma part. Je suis plus timide qu'elle, mais malgré cela je n'avais pas imaginé de quoi elle était capable. La musique, les costumes, le jeu des comédiens, j'étais bluffée. Je me suis dit : c'est génial, je veux en faire.»*

L'année suivante, la troupe prépare La Nuit des rois. *Lise est en classe de seconde et accompagne sa sœur aux répétitions. Au fil des mois, de nouveaux élèves demandent à intégrer la troupe, d'autres arrêtent. Elle se décide. Et observe ce drôle de prof, Augustin d'Humières : «Il est à cran, les yeux exorbités, les cheveux dans tous les sens. Il donne à tout le monde une énergie incroyable. Même quand on était avachi et qu'on ne croyait plus à rien, lui continuait d'y croire.»*

Lise a fait comme tout le monde. Les tâtonnements du début, les exercices de respiration avec les comédiens professionnels, le texte récité avec le crayon entre les dents. « Au début, bien sûr, on ricane. Moi aussi, j'ai ricané. On se présente, on essaie de créer un groupe, on voit faire des trucs grotesques, un peu ridicules, et on se demande ce que ça va nous apprendre. Et on est surpris de voir que dans la masse des lycéens, le théâtre permet de se faire remarquer positivement. Ça vous donne une petite notoriété dans le lycée, les gens viennent vous voir, veulent en faire à leur tour. Ça fait plaisir quand les gens vous disent qu'ils ont aimé ce que vous faites. J'avoue que j'en ai tiré une petite fierté. »

Par le biais du théâtre, Lise Mandeng a soudain regardé d'un autre œil le morne monde qui l'entourait. « Il y avait une sorte de fadeur qui régnait au lycée. Rien qui permette de découvrir les choses ou les gens. Ce n'était pas une très belle période pour moi. Car à ces âges-là, les gens sont dans la façade, suivistes, sans prises de risque. Au lycée comme dans les séries américaines, il y a des groupes reconnaissables : les skaters, les gothiques, les hip-hops... Les gothiques écoutent du "métal", les skaters du hard rock, etc. Chacun a sa musique et ses "coins", certains se placent à côté de tel radia-

teur, d'autres à tel endroit de la cour. Tous les lycéens ne sont pas dans des groupes, mais ces groupes sont très marqués. Et quand vous êtes basique comme moi, ça fait rire. Mais qui peut avoir une personnalité quand c'est la honte pour lui d'écouter telle musique que n'écoute pas son groupe ? Voilà comment vous fabriquez un lycée rempli de niais.

« Dans la troupe de théâtre, poursuit-elle, j'ai découvert des gens qui ne pensaient pas de cette manière, qui n'étaient pas prisonniers de ces fonctionnements, et qui pourtant étaient dans mon lycée. Des gens à qui je n'avais jamais parlé, qui sortaient de l'ordinaire et que je n'avais pas su voir. Pourquoi ? Pour une bonne raison : au lycée, quand vous sortez de l'ordinaire, c'est mal vu, on vous dit que vous vous "tapez l'affiche". Du coup, par sécurité, tout le monde essaie d'être banal. Au théâtre, c'est le contraire, on a le droit d'être singulier. Tout le monde, au cours des répétitions, prend une autre dimension. C'est d'abord ce qui m'a plu. »

CHAPITRE 8

« *Peter Quince* »

A l'approche du spectacle, les répétitions pouvaient durer jusqu'à 10 heures du soir. Je n'entendais plus le refrain habituel (« Mais, M'sieur, on a une vie privée ! ») L'essentiel devenait la répétition, et ce qui allait se passer sur scène le soir du spectacle. Dans les jours qui précédaient s'opérait une métamorphose étrange, ils piquaient une crise non plus parce qu'on leur demandait d'éteindre un téléphone portable, ou qu'on leur « volait » un samedi après-midi, mais parce qu'il leur manquait un accessoire ou que l'interlocuteur avait mal dit sa réplique. Kevin se refaisait son monologue de Malvolio pendant les cours de philo. Lydie se plaignait : « M'sieur, j'en peux plus de Peter Quince, je le vois la nuit, au réveil, c'est plus possible ! »

La question que l'on pouvait se poser à l'issue de semaines d'allers-retours, d'engueulades, de négociations, de pauses Macdo, d'heures passées à attendre, était ce qu'il allait en rester : à l'arrivée, ça donne quoi ? Où est la cohérence ?

L'entrée dans le théâtre permettait de s'en faire une idée : quand les quinze comédiens pénètrent pour la première fois sur l'immense plateau, devant sept cents sièges vides, le volume sonore baisse d'un cran. Rétrospectivement, les heures passées à faire du crayon, à répéter, commencent à prendre du sens.

Le sous-sol du centre social, c'était encore un peu leur domaine ; dans le théâtre municipal, ils avaient un peu la retenue des invités conviés pour la première fois dans un palais de la République. Des loges immenses, des techniciens affairés... Luc avait une demi-journée pour régler une cinquantaine de projecteurs : « Il est à jar, Malvolio, quand il entre ? » La première fois, Kevin est resté un peu interloqué. Assez vite, ils se familiarisent avec la langue fleurie des techniciens. Etre dans la lumière, tenir compte des distances sur cet immense plateau, se faire une conduite avec tous les changements de costume...

Il était perceptible que quelque chose avait changé, que la scène allait rendre spectaculaire. Les mois passés les avaient dégagés de tout ce qui pouvait venir les encombrer le soir de la représentation : compréhension du texte, mémorisation, diction, repères dans l'espace... Je revois encore tous ces visages dans les miroirs des loges, métamorphosés, rassemblés, concentrés... A présent, c'était à eux de décider ce qu'ils voulaient y mettre.

J'ai passé quelques années dans des cours de théâtre, il m'arrive encore d'y aller de temps à autre, mais j'ai rarement vu une énergie semblable à celle que déployaient ces apprentis comédiens le soir de la représentation. Je l'avais entraperçue au hasard de quelques filages. Il y avait quelque chose de l'ordre de la libération. Cette joie à devenir un autre, à entrer dans la peau d'un personnage, fait partie de la magie « ordinaire » du théâtre, mais cette magie faisait sans doute plus de bien ici qu'ailleurs. Le soir de la première du *Songe d'une nuit d'été*, après avoir consciencieusement salué le public, ils se sont tout à coup rués les uns sur les autres comme s'ils avaient gagné la Coupe du monde. Je les regardais intrigué depuis la régie, c'étaient les mêmes que j'avais appelés quinze fois sur leur portable, que j'avais réveillés pendant les répétitions, qui hurlaient parce que j'empiétais sur leur vie privée...

La salle était un peu inquiétante : comme aux temps du mélodrame, le public s'adressait directement aux comédiens à leur entrée en scène : « Ouais, Dounya, t'es bonne ! », « Waoh,

Renate ! », « Il est trop fort, Louis ! ». Les comédiens, qui ne déviaient pas un instant de leur parcours, imposaient peu à peu le silence à la salle. La métamorphose frappait surtout ceux qui fréquentaient les mêmes élèves dans d'autres contextes : « On ne reconnaissait plus nos élèves ! » Le régisseur général, dont c'était la dernière représentation avant le départ en retraite, n'en revenait pas : « Non, là, vraiment, chapeau pour ce qu'ils ont fait ! On s'attendait à voir débarquer des gamins de cité, mais là, ils nous ont vraiment épatés ! »

La reconnaissance qu'en tiraient les apprentis comédiens étaient immense, elle allait jusqu'à modifier leur façon de parler, de lire un texte en cours.

A la fin de la représentation, j'allais balayer la scène avec des sentiments contrastés : une immense fierté d'avoir mené l'aventure à son terme, et un peu de rancune… Est-ce que l'on avait véritablement besoin d'en passer par là ? Est-ce que les conflits, crises de nerfs, lapins posés, étaient une condition nécessaire ? La perplexité se lisait sur les visages de tous ceux qui m'avaient accompagné dans cette aventure, quand je leur demandai au soir de la représentation : « Bon, qu'est-ce que l'on monte l'année prochaine ? »

Cette entreprise m'apparaissait comme le complément indispensable des heures de cours, un moyen de faire passer des exigences de rigueur, de ponctualité, de concentration de façon un peu plus spectaculaire.

Tous les mercredis, les week-ends, David Nunes enfourche sa moto pour venir aider les jeunes débutants de la troupe théâtrale. La plupart d'entre eux n'ont jamais lu une pièce, aucun n'en a joué. A la fin de l'année, ils déclameront du Shakespeare au théâtre de la ville dans un spectacle de haut niveau, aidés par un aréopage de professionnels mais aussi un maître de musique, un maître d'armes, un costumier... A l'association Mêtis, on met les petits plats dans les grands.

La première fois que David Nunes s'est trouvé face aux élèves, l'aventure commençait à peine. Augustin d'Humières avait réussi à convaincre certains de ses élèves d'y participer, en avait alpagué d'autres dans les couloirs du lycée. Une tout autre affaire fut de les canaliser sur les planches, de maîtriser les fous rires bêtes et les bavardages, de transformer leur curiosité passagère pour le jeu théâtral en un travail discipliné et contraignant. Pour y parvenir, le comédien s'est laissé prendre à cette « drogue » : celle de voir progresser à petits pas ces enfants prêts à exploser, bouillonnant de force contenue.

Il fallait tout expliquer. Tout, à commencer par la définition d'un rendez-vous. Le professeur et le comédien se retrouvent seuls sur leur banc à attendre que les élèves daignent venir. Ils arrivent au compte-gouttes, parfois avec une heure de retard, le portable dans la main, surtout pas désolés. « On avait rendez-vous à 14 heures », leur rappelle David. « J'ai eu un problème, M'sieur », « Il y avait foot », « Ma petite sœur... ». L'apprentissage est long. L'inconstance est la norme. Les rappels à l'ordre exigent du doigté, faute de faire fuir les élèves pour de bon. Contrairement au « prof », qu'il est toujours si bon d'essayer de « pipoter », David a l'avantage de ce prestige : il est « le comédien professionnel qui vient spécialement pour vous », l'artiste venu d'ailleurs qui parle un autre langage que celui de l'Education nationale. Il en a profité pour tout reprendre de zéro : ne plus penser à son portable et être assidu au rendez-vous, de semaine en semaine. A chaque retard, il le leur rappelle : « Je te signale que j'ai fait 50 bornes pour être à l'heure... » Etre à l'heure, le répéter sans cesse : le b-a-ba des « répétitions ».

Augustin d'Humières se charge des exercices sur le texte. David donne le sens, le mouvement dans l'espace, la relation à l'autre, la respiration, les déambulations. Dans la perspective du Songe d'une nuit d'été, *où Bottom est transformé en âne par Titania, il a fallu incarner des animaux. L'exercice ne fut pas de tout repos. « Ah non, je vais pas faire l'âne, ça fait bouffon, je vais pas me taper la honte ! »*

Faire semblant : acquis essentiel du théâtre pour des jeunes à la vie dure, plutôt submergés par le trop-plein de réel. Faire semblant, pour savoir ne pas le faire pour de bon. Faire semblant d'être en colère, faire semblant de tuer, d'aimer, de mourir. Surmonter aussi les jalousies, lors de la distribution des rôles. Comprendre que l'œuvre commune vaut plus que les désirs individuels, qu'un personnage principal ne peut rien sans les petits rôles. « Tout ce travail est énorme, explique David Nunes. Quand ils en mesurent l'ampleur, ils disent qu'ils n'y arriveront pas. On construit par petites touches. On fait avec leurs personnalités. Une jeune fille très timide n'arrivait pas à jouer le lion qui doit faire peur à Pyrame et Thisbé, elle ne sortait qu'un filet de voix. Une fois qu'elle est allée au bout de ses possibilités, je lui ai dit : "Oublie le lion. En fait, c'est un chat." Quand elle a fait "miaouh !", tout le monde a ri, elle était ravie. De semaine en semaine, ils sont émerveillés de constater que le spectacle prend forme. Ils s'applaudissent. Du portable à l'applaudissement, de l'obsession des SMS à la capacité de regarder le monde qui les entoure : c'est une victoire immense. »

Il y eut bien d'autres victoires. Ce jour de répétition, quelques jours avant le spectacle final, où l'un des élèves de la troupe n'était pas venu au rendez-vous. Tous les autres étaient là, sonnés à l'idée de devoir répéter sans lui. D'un commun accord, ils ont décidé d'aller le chercher, sont allés frapper à sa porte, et ils sont revenus avec lui. « C'était génial, se souvient David. On était passé de l'individualisme du début, où chacun ne pensait qu'à son portable et au match de foot qui passait à la télé, à une conscience collective. Ce jour-là, quelque chose était gagné. » Il y eut aussi cette fois, lors d'une représentation de Cyrano de Bergerac, *où l'un des jeunes comédiens, Kevin Lemaire, avait eu un trou en pleine tirade du nez, et l'instinct professionnel de totalement improviser : faire en sorte de continuer l'aventure, à tout prix. De rendre le spectacle possible.*

Il y eut, enfin, la première représentation du Songe d'une nuit d'été, *en juin 2003, devant 450 personnes, au théâtre municipal. Un spectacle qui n'avait rien d'amateur. Professeurs, élèves, parents, proviseurs, tous étaient sidérés. Ils ne reconnaissaient pas ceux qu'ils avaient coutume de voir. « Le théâtre a changé tous ceux qui y ont participé, tous, conclut David. Certains se sont totalement métamorphosés. Ces rendez-vous répétés, au cours de l'année, ont été des points d'ancrage. Ils feront leur vie, moi aussi, peut-être qu'on ne se reverra jamais. Mais une chose est sûre : à un moment X, nous avons été au rendez-vous. »*

CHAPITRE 9

L'adoubement

Les affaires du projet Mêtis avaient avancé, au hasard de rencontres heureuses avec les nouveaux acteurs de la politique de la ville. Nous avions pu être associés à des initiatives qui allaient totalement dans le sens des objectifs poursuivis : contrat éducatif local, réussite éducative... Ils cherchaient un partenaire associatif crédible, nous travaillions depuis quatre ans dans notre coin. Les étudiants qui donnaient les cours de soutien allaient à présent être rémunérés grâce à ces partenariats, le tutorat et l'aide à l'orientation s'inscrirait dans un programme commun avec le Rectorat, en liaison avec des collèges. Nous avions l'opportunité d'étendre nos activités d'accompagnement à la scolarité en direction des écoles primaires. Il était jubilatoire d'entendre Inès, subitement promue répétitrice de CM1, se lamenter : « J'vous jure,

M'sieur, parfois, ils écoutent rien ! », ou encore Nathalie : « Mais y en a qui savent pas lire, quand ils lisent un texte, y regardent en l'air comme pour se rappeler quelque chose, moi, je lui dis, mais regarde les lettres, le livre, c'est comme ça que tu comprendras ! » On va les emmener au Louvre, à l'opéra, en Grèce… Apprendre à faire des contrats de travail, des fiches de paye, calculer les charges, on ne va quand même pas s'en plaindre !

Ces avancées avaient leur face sombre : je me notabilisais dangereusement. On m'avait sollicité pour faire partie d'un jury de concours, à ce compte-là, dans deux ans j'écrivais un manuel, et dans trois je finissais formateur IUFM. Les hiérarques syndicaux me regardaient presque avec bienveillance : « Il est un peu caractériel, mais il n'est pas méchant ! » J'étais en voie d'être adoubé.

La cérémonie de mon adoubement eut lieu en avril 2007, près de la photocopieuse du lycée, site privilégié des adoubements. Le climat de campagne présidentielle électrisait alors la salle des professeurs. Nous étions assaillis de spams : « Ne votez pas Sarko, sinon ça va péter dans les cités ! » Une journaliste de « France-Europe Express » m'avait invité à venir poser quatre questions à la candidate du Parti socialiste à l'élection présidentielle.

Au lendemain de cette « épreuve d'oral », une collègue de lettres, plus habituée à nous parler des dents du deuxième et de la varicelle du premier, m'avait alpagué. Elle venait d'adhérer au PS, et s'était mis en tête de convertir tous les indécis. Au soir de la défaite, elle nous avait fait une déclaration d'adieux par Internet : « Chers amis, chers amis, merci d'avoir participé à cette campagne. Merci pour votre soutien et votre amitié. Pour tous ceux qui souhaitent continuer à se serrer les coudes, à informer, à dénoncer, à faire triompher la démocratie dans notre pays, je propose de continuer dans le même esprit cette initiative. »

C'est au cours d'un échange avec cette collègue que je fus adoubé. Je lui faisais timidement part de mes réticences à voter pour sa candidate. La professeur d'italien prit alors la parole au milieu de la petite assemblée : « Mais enfin Augustin, nous le savons tous, tu es de gauche ! » Je restai tétanisé : « Mais Bibi, je n'ai jamais cotisé, mis les pieds à une AG, fait grève... » Elle reprit : « Mais si, Augustin, tu es de gauche ! » — « Mais, Bibi, j'habite Paris, mon père a fait l'ENA, j'ai fait mes études à Henri-IV... » Je regardai les notables, ils me souriaient avec bonhomie. Je me levai, hagard, pour gagner en titubant la salle des ordinateurs. Je restai là assis un long moment à côté d'une imprimante cassée, et finis par éclater en sanglots. Gros craquage, comme on dit chez les acteurs : « Je suis de gauche, quelle belle victoire ! » me répétais-je, encore tout secoué par les spasmes, les images s'entrechoquaient : les allers-retours sur la passerelle du lycée, les rendez-vous avec les parents, les lettres anonymes, mon dossier au Rectorat, les Macdos, les dimanches sur le parking… Mais j'étais de gauche ! J'avais envie de le crier à la terre entière. Euphorie, crise de larmes, sensibilité à fleur de peau : j'étais devenu complètement dépressif. L'IUFM avait gagné.

ERROL FLYNN

Dini vient de réciter par cœur en grec les trente lignes de la « Prosopopée des Lois ». Il n'y manque rien, pas la moindre particule de liaison. Je lui demande de tout retraduire pour vérifier qu'elle n'a pas appris sans rien comprendre, comme elle l'aurait fait d'un texte tibétain. Elle retraduit par groupes de mots, en respectant les modes et les temps. Oussem l'interrompt. Elle s'est trompée sur la valeur de « *an* » avec le subjonctif :

— Est-ce que je t'ai parlé ? Non, mais, est-ce que je t'ai parlé ?

Niamey vient à la rescousse de sa sœur :

— Toi, tu parles trop mal…

Nous en arrivons au commentaire : le respect pour la loi, non pour son contenu, mais pour sa nature même de loi, respecter une loi même injuste, parce qu'elle est loi…

— Quoi, ça veut dire que celui qui paye pas

son ticket de train, il met en danger l'équilibre de la société ?

— Oui, c'est un bon exemple.

— Attendez, vous êtes là à nous dire qu'il faut qu'on respecte la loi, qu'on paye notre billet, alors que le président de la République, il respecte même pas la loi ?

— C'est ce que Platon dit, mais il n'y avait pas de président à son époque…

— Si on traduit comme Dini vient de le faire, et qu'on fait un commentaire, on aura 20 l'année prochaine au bac ?

— Oui, en plus vous connaissez déjà le texte par cœur en grec, vous avez donc une demi-heure de préparation pour peaufiner la traduction et soigner le commentaire. Mais évitez les développements hasardeux sur l'intégrité des hommes politiques.

— C'est tranquille.

— Pourquoi croyez-vous que la moyenne de l'option, elle est à 16 depuis douze ans que je suis ici ?

— L'année dernière, vous nous aviez dit 14.

— Ouais, il dit ça pour qu'on continue le grec.

— Tu peux arrêter le grec quand tu veux, bonhomme ! Nous, on a fait le boulot. On est venus dans vos collèges dire que ça existait, que ça pouvait être utile. Maintenant, on va pas vous tenir par la main. Surtout, arrêtez si la matière vous ennuie et vous épuise.

— Vous savez très bien qu'on va pas arrêter…

— Pourquoi ?

— Ben, maintenant, autant aller jusqu'au bac…

— Consacre-toi aux matières essentielles, pas à une option inutile…

— En somme, vous êtes le Robin des Bois du grec !

— Il a volé le grec pour le donner aux pauvres que nous sommes !

— Tu ferais bien d'aller nous ramener un prix de concours général plutôt que de t'essayer à ce bavardage oiseux !

— Ah ! Oiseux ! Dini, tu es oiseuse !

— Bon, on enchaîne. *Iliade*, chant XVII, Achille s'est retiré sous sa tente, l'armée grecque ignore sa valeur et son courage, ou en tout cas ne les reconnaît pas à leur juste mérite. Qui veut lire Achille ? Bon, Inès tu feras Achille, Elodie, tu liras Ulysse, et Oussem, tu feras le narrateur.

Inès commence à lire, elle ne bute plus sur les mots… Elle découvre le texte, et pourtant propose une lecture rythmée et vivante de la colère d'Achille. *Cyrano* est passé par là. La classe se tait, écoute, veut connaître la suite. La sonnerie de 17 h 30 retentit. Personne ne bouge. Les livres restent ouverts. Inès continue. Le chant XVII touche à sa fin. Chaque élève dépose sa chaise sur sa table, s'approche de mon bureau, et me rend son exemplaire de *l'Iliade*.

Je reste un instant seul dans la classe à contempler les pieds de chaises en l'air. Les trois heures de grec sont passées vite. Je dépose ma chaise sur le bureau, reprend mon sac et la caisse des *Iliade*. Elle me semble bien légère. J'ai raté mon train, aujourd'hui ce n'est plus très grave.

Postface

L'inquiétude n'est pas son genre. Le pessimisme et le désenchantement, elle a dit clairement qu'elle était « contre ». Jacqueline de Romilly a une manière délicieuse de s'asseoir devant vous, les avant-bras sur les genoux pour mieux scruter son interlocuteur, toujours prête à décoller dans des fous rires enfantins. La grande dame du Collège de France continue à venir sous le dôme de l'Institut, tous les jeudis, pour la fameuse séance du dictionnaire de l'Académie française. Elle s'inquiète quand même un peu, juste un peu, de la « mort programmée » de sa passion d'une vie, les études classiques.

D'un air espiègle, elle fait mine de demander l'heure et, sans attendre la réponse, conclut qu'il est largement le temps du whisky. L'explication est toute simple : « J'ai bu mon premier whisky le jour de l'Armistice. J'y ai pris goût... » Elle disparaît dans sa cuisine, revient chargée d'un plateau puis, une fois bien calée dans son fauteuil, au-dessus des toits de Paris qu'elle ne peut plus voir, Jacqueline de Romilly entame la conversation. Enveloppant chaque mot de ses yeux bleu clair, incroyablement intacts de leur curiosité et de leur désir d'apprendre.

« Voyez-vous, dit-elle, je n'ai jamais enseigné dans les banlieues telles qu'elles sont aujourd'hui. Et pour cause : vous connaissez mon grand âge. Maintenant que j'estime indispensable de le faire, ma présence serait à faire fuir les élèves. Mais j'ai toujours pensé qu'il fallait faire précisément ce que vous faites : donner accès, par les racines mêmes, à notre culture. Donner de la beauté et de la nuance. Pour une raison très simple : comment distinguer deux idées proches si on ne sait leur attribuer les mots justes ? Comment peut-on penser sans maîtriser d'abord sa propre langue ? »

La langue se fiche des origines, elle les transcende. Jacqueline de Romilly évoque une réminiscence de la « drôle de guerre » : en 1940, des civils allemands s'étaient trouvés coincés en France, juifs pour certains, ne sachant où aller. A Aix-en-Provence, celle qui était alors jeune professeure de grec les croisait. « J'avais rencontré un de ces types dans un hôtel à Aix-en-Provence, raconte-t-elle. Il ne savait pas le français, je ne savais pas *l'allemand. Il a fait un effort surhumain pour me réciter, en grec, le premier vers de l'*Odyssée*. Nous étions tout au début de la guerre et ce souvenir marquait le signe de notre éducation parallèle, de notre monde commun. Les valeurs fondamentales de l'Europe sont traduites par le grec. Or le problème des banlieues, vous êtes au premier rang pour le mesurer, touche à l'éducation commune de l'Europe.*

« Le grec est un élément de formation intellectuelle et morale capital pour des gens mal aiguillés et qui, par manque d'aide, risquent d'aboutir à l'incompréhension, donc à la violence. Le faire par des textes littéraires, telle est la vraie générosité de l'enseignement. Je suis assidûment les séances de l'Académie, j'ai enseigné au Collège de France. Les choses érudites et savantes me passionnent, mais plus encore ceux pour qui elles sont comme la nourriture : les jeunes. Je ne peux plus faire de recherche, car sans y voir, c'est diabolique, et d'ailleurs la recherche s'en tirera toujours. La formation, elle, a besoin de nous. Les études secondaires, le début de la culture, c'est beaucoup plus près de mon cœur. C'est ce qui me peine : dans mes classes, j'ai connu cette magie d'un enrichissement réciproque irremplaçable. J'ai vu aussi qu'elle diminuait au fur et à mesure

que ma vie avançait. Je reçois chaque semaine des lettres d'enseignants inquiets, gémissant pour nous dire qu'ils avaient quinze élèves, n'en ont plus eu que huit et que leur classe a disparu. J'ai étudié le grec la première année où les filles avaient le droit d'en faire, et je n'ai cessé de constater que l'enseignement du grec mourait entre mes mains. D'où mon très grand bonheur que vous soyez là. »

Jacqueline de Romilly, c'est un siècle de vie commune avec le grec et le latin. Elle a un an quand son père, Maxime David, normalien et professeur de philosophie, meurt au champ d'honneur en 1914. Sa mère, elle-même fille d'un professeur de grec, devenue écrivain pour survivre, l'élève dans le culte des études. Elle sera la première fille lauréate du concours général en 1930 – deux prix d'un coup, de grec et de latin. L'une des premières à intégrer l'Ecole normale supérieure de la rue d'Ulm, peu avant son agrégation de lettres classiques (1936). La première femme élue au Collège de France en 1973. La première femme élue à l'Académie des inscriptions et belles-lettres. En 1988, elle manque de peu d'être la première femme à porter l'habit vert. Huit ans plus tôt, Marguerite Yourcenar lui avait damé le pion.

Elle n'est pas non plus la première à subir le statut des Juifs en octobre 1940. Elle avait presque oublié qu'elle était juive, ne l'étant que par un *père qu'elle n'avait pas eu le temps de connaître. Les autorités françaises le lui rappellent. En cette rentrée 1940, elle vient tout juste d'être nommée à Bordeaux dans un lycée et en faculté. Elle est interdite d'enseignement. Pendant les années noires, elle se débrouille en exerçant dans des petites classes de collèges catholiques.*

Surtout, elle lit Thucydide. Lire Thucydide sans cesse, sans répit, c'est une manie. Pour fêter son triomphe au concours général, sa mère lui avait offert un volume de ses œuvres, relié en parchemin. « Ça m'a paru sublime, raconte-t-elle. Je me suis dit : "Je vais consacrer un an de ma vie à cet auteur-là." Et ça s'est un peu prolongé...

« L'apprentissage du latin et du grec, c'est d'abord une attention aux mots, aux formes, aux étymologies, aux structures : un joli jeu où les mots ne sont pas placés dans le même ordre et dont l'étude forme la maîtrise du raisonnement, de l'argumentation logique, l'organisation du discours et de la pensée. L'apprentissage du latin et du grec, ce sont des textes vivants, faits de figures vivantes, de personnages, de légendes, d'idées. Je me rappelle avoir montré à ma mère, toute fière, ma traduction d'une phrase de latin : "Vulcain avait un fantassin boiteux." J'imaginais que Vulcain était un général, donc ça ne me gênait pas qu'il ait un fantassin boiteux. Sauf que c'était

pedem *(pied), pas* peditem *(fantassin), et que Vulcain n'était pas un général. J'ai eu alors l'illumination de ce jeu intellectuel savoureux, j'ai compris combien la culture et l'intelligence entraient dans la compréhension des mots, combien une langue morte pouvait mener à une littérature vivante. Avec l'apprentissage du latin et du grec, enfin, on rencontre les inventeurs de la démocratie. Dans ces textes, la démocratie est une notion encore simple car au début du cinquième siècle, la chose et le mot viennent tout juste d'être inventés. Parallèlement à mon ami Jean-Pierre Vernant, qui cherchait dans les textes grecs la trace des héritages antérieurs et leur révélation sociologique, je me suis intéressée à la manière dont la langue et la civilisation grecques, lieu de formation de la pensée morale et politique, préparaient l'époque actuelle. Apprendre le latin et le grec, c'est une formation qui permet de réfléchir sur le sens de la vie collective, sur la justice sociale, sur le sens de notre place au milieu des autres. »*

Avant de nous raccompagner à la porte, la vieille dame aux yeux bleus sert un dernier whisky, le sourire complice : « Comme me disait ma mère quand je m'énervais, pour m'inciter à prendre la vie du bon côté : "Laisse flotter les rubans." Depuis, je garde espoir. Quand on me demande comment vont les langues anciennes, je réponds :

elles sont presque complètement ignorées dans l'administration de l'Education nationale et par les enseignants. Mais dans la presse et l'opinion, la partie est gagnée. On dira sans doute que je suis une vieille optimiste d'un âge dépassé.

REMERCIEMENTS

Nos remerciements vont d'abord à Martine Boutang, qui a eu l'idée de ce livre, la patience de nous supporter, et nous a surtout apporté une aide très précieuse dans sa rédaction.

Merci à tous ceux qui ont accepté de livrer leurs témoignages : Jacqueline de Romilly, Christine Bureau-Garonne, Carole Julien, Annie-Claude Lefèvre, Inès M'Passi, Lise Mandeng, Nam-Tran, Nam-Kim, Nam-Phuong, et Nam-Than Nguyen Cuu, Ilham Hamdaoui, Ilham Ghajji, David Nunès...

Merci à tous ceux qui nous ont aidés de leurs conseils : Alexandra, Myrtille, Simone, Dominique, David, Gilles, Alain, Benji, François...

Merci à Clarisse, Thérèse, Olivier, Thierry, Luc, Antoine, Arthur, Philippe et Christophe.

Merci à Johanna, Adriana, Julien, Lauren, Nurdan, Madly, Renan, Hafida, Eva, Bénédicte, Kevin, Estelle, Anatole, Morad, Cédric, Julie,

Cécilia, Stéphane, Louis, Georges, Aguila, Lilas, Majdoline, Cécile, Magali, Raissaby, Dalla, Renate, Laure, Clémentine, Vanessa, Aurélien, Salimata, Cellyne, Nathalie, Jessica, Laurie, Youssef, Ryab, Viviane, Christelle, Christiane, Edwige, Isabelle, Christine, Marie, Cathy, Gregory, Dini, Anne, Aurélien, Wafaa, Julie, Jeffrey, Philippe, Allan, Virginie, Nyamey, Marion, Elodie, Valérie, Delphine, Pimpou, Valérian, Sophie, Birsen, Anaïs, Fedra, Gabriel, Jihen, Laurence, Imène, Asma, Fatima, Kamir, Annette, Gabriel, Jennifer, Kadiatou, Hakim, Loïc, Christophe, Arthur, Valérie, Ouided, Nadya, Emilie, Laura, Simon… et Noémie.

Merci à Véronique Lantier, Julia Dubois, Sarah, Muriel Kléber, Rosine, Myriam Pelletier, Mandy, Agathe, Ginette, Célia, Betsi, Bénédicte, Elizabeth Wagner, Mozart, Louise, et Samantha Markowic.

TABLE

Ce volume a été composé
par IGS-CP à L'Isle-d'Espagnac (Charente)